GAOXIAO SIXIANG ZHENGZHI LILUNKE
JIAOXUE MOSHI YANJIU

高校思想政治

理论课教学模式研究

郭秋玲 著

中国农业出版社
北 京

内容简介

本书对高校思想政治理论课的教学模式进行了多元化的研究。全书共 8 章，包括高校思想政治理论课教学模式的内涵及理论基础、教学模式的现状分析、教学模式改革的指导思想和基本原则、立体化教学模式的相关理论、立体化教学模式构建的原则、立体化教学模式构建的途径选择、精致育人教学模式概述以及精致育人教学模式的效果评估。全书内容充实，逻辑分明，适合高校思想政治类专业一线教学人员及教学研究人士阅读使用。

前言

青年兴则国家兴，青年强则国家强。大学生是中华民族伟大事业的接班人，是将来社会的主人，是时代发展的生力军，承载着祖国的未来和民族的希望。党和国家历来高度重视大学生思想政治教育，不断加强和改进大学生思想政治教育的理论研究和实践探索。《国家中长期教育改革和发展规划纲要（2010—2020年）》在战略主题中要求，教育改革发展的“核心是解决好培养什么人、怎样培养人的重大问题，重点是面向全体学生、促进学生全面发展，着力提高学生服务国家服务人民的社会责任感、勇于探索的创新精神和善于解决问题的实践能力”。习近平总书记在中共十九大报告中指出，要全面贯彻党的教育方针，落实立德树人的根本任务，发展素质教育，推进教育公平，培养德智体美全面发展的社会主义建设者和接班人。高等教育“立德树人”这个根本任务是党和国家站在新时代的战略高度上做出的重要科学论断，是适应中国特色社会主义发展新要求而进行的教育理念创新。

作为党和国家思想政治工作的前沿阵地，高校思想政治工作承载着培养中国特色社会主义事业合格建设者和可靠接班人的重大任务。大学生思想政治教育不仅需要纲领性的文件指导，也需要严谨的理论支撑，更需要在高等教育的实践中不断总结和凝练。笔者多年奋战在高校思想政治教育的第一线，有着丰富的高校思想政治教育和学生管理工作经验，结合新时期大学生思想政治教育和学生管理现状，针对存在的问题撰写了本书，期望能为我国高校思想政治教育的发展贡献微薄之力。

本书深入贯彻落实习近平总书记在全国高校思想政治工作会议上的讲话精神，坚持以马克思主义为指导原则，在深刻剖析当前高校思想政治理论课教学及其教学模式的基础上，对高校思想政治理论课教学的现状、改革思路、立体化教学模式与精致育人教学模式进行了研究，积极探索我国高校思想政治教育的新出路。

本书在编写过程中借鉴了诸多学术著作及文献，在此向其作者一并致以感谢。由于笔者水平有限，书中难免存在疏漏之处，请读者朋友们不吝指正，以便本书的进一步完善。

编　者

2021年1月

目录

第一章 高校思想政治理论课教学模式的内涵及理论基础

第一节 高校思想政治理论课教学模式的内涵

一、教学模式的概念

“模式”一词来源于拉丁文“modulus”，本意是指“尺度”“标准”“制度”“形式”等，在英语里面是“model”或者“mode”，意为“模型”“范式”“样式”“范例”“典型”等。在《现代汉语词典》中，“模式”的含义是：“某种事物的标准形式或使人可以照着做的标准样式。”[①] 我国学术界认为，“所谓模式是依据一定的理论基础表征活动和过程的一种模型或形式。一种模式蕴含着一定的理论倾向，代表某种活动结构或过程的范型，一般通过数学、图文或文字的形式，以一种简洁的形式再现活动的结构和操作程序”[②]。李时彦从哲学的意义上认为，模式是“人们为了某特定的目的而对认识对象所做的一种简化的描述”[③]。美国学者托马斯·库恩（Thomas Samuel Kuhn）从自然科学的角度指出，模式与范式是同义词，是“普遍公认的科学成就，这种成就能够在短期内为实践者提供模型问题和解答”[④]。《欧洲传播学杂志》创始人之一的英国传播学家丹尼斯·麦奎尔（Denis McQuail）从社会学的角度认为，模式是“用图像形式对某一客观现象进行有意简化的描述。每个模式试图表明的是任何结构或过程的主要组成部分以及这些部分之间的相互关系”[⑤]。美国著名的比较政治学家比尔（J. A. Beer）和哈德格雷夫（R. L. Hardgrave）从一般意义上指出，“模式是再现现实的一种

① 中国社会科学院语言研究所词典编辑室．现代汉语词典．北京：商务印书馆，2010：961.

② 钟志贤．大学教学模式革新：教学设计视域．北京：教育科学出版社，2008：89－90.

③ 李时彦．模型与模型化方法．哲学研究，1984（9）．

④ ［美］托马斯·库恩．科学革命的结构．金吾伦，胡新和，译．北京：北京大学出版社，2003：6.

⑤ ［英］丹尼斯·麦奎尔．大众传播模式论．祝建华，译．上海：上海译文出版社，2008：2.

理论性的简化的形式”[①]。随着社会的发展，作为现代科学技术中的一个术语，“模式”一词已扩展到了更宽泛的层面，如政治模式、经济模式、文化模式、管理模式等。

根据对“模式”定义的梳理，我们可以看到，模式是在对研究对象进行理论概括的基础上形成的一种真实地反映研究对象，并最终在社会实践中推广运用的可模仿、可再生的标准，从而针对性地解决问题。正因为模式具有这种联系理论与实践的特点，所以，我们必须建立并不断创新模式，正如毛泽东同志所说：“我们的任务是过河，但没有桥或没有船就不能过。不解决桥和船的问题，过河只是一句空话。不解决问题，任务也只是瞎说一顿。”[②] 因此，我们在高校思想政治理论课教学中，为了完成教学目标和任务，也必须建立和不断完善教学模式。

其实，教学模式的思想在我国可以一直追溯到孔子等大学问家，在西方同样可以上溯到夸美纽斯（Johann Amos Comenius）、赫尔巴特（Johann Friedrich Herbart）、杜威等人。我国古代伟大的教育家孔子在其长期教学实践中，把学、思、习、行视为教学活动的四大要领，这基本上是我国最早的教学模式思想。《中庸》里将教学活动归结为“博学之、审问之、慎思之、明辨之、笃行之”5个步骤。朱熹更是将这5个步骤作为他主持的白鹿洞书院教学规程的一部分。我国古代的教学模式从某种程度上来说，主要是开展德行修身教育。现代教学论的诞生，特别是夸美纽斯《大教学论》的出版标志着教学模式的出现。但真正把教学模式化的是赫尔巴特，他在《普通教育学》一书中建立了教学形式“四阶段论”，后来，赫尔巴特学派创建了“五段教授法”。

1972年，乔伊斯和韦尔将“模式”一词第一次引入到了教学领域，认为“教学模式是一种可以用来设置课程（诸学科的长期教程）、设计教学材料、指导课堂或其他场合的教学计划或类型。”[③] 这标志着教学模式研究已经发展成为一种系统的教学理论，并开始真正走入人们的视野，为人们所重视。从此以后，对教学模式进行研究的学者也越来越多，但人们对教学模式概念的界定并没有达成一致。纵观国内外学者对教学模式的界定，目前大致有以下几种观点：

方法论。将教学模式等同于教学方法，或者把教学模式归属为教学方法的范畴。如美国学者保罗（Polo D. Eggen）等人认为，“所谓教学模式，就是为完成特定的教学目标而设计的具有规定性的教学策略”[④]。高笑天在《教学方法与教学模式》一文中认为，“教学模式是教学形式或方法的稳定化、系统化和理论化，

---

① ［美］沃纳丁·赛弗林，小詹姆斯·坦卡德．传播学的起源、研究与应用．陈韵昭，译．福州：福建人民出版社，1985：14.

② 毛泽东选集：第3卷．北京：人民出版社，1991：1005.

③ 丁证霖，等．当代西方教学模式．太原：山西教育出版社，1991：1.

④ ［美］保罗·D. 埃金，唐纳德·P. 考切克，罗伯特·J. 哈德．课堂教学策略——课堂信息处理模式，王维诚，等，译．北京：教育科学出版社，1990：11.

教学模式俗称教学的大方法。”①

过程论。将教学模式等同于教学过程，或者说将教学模式归属于教学程序的范畴。如《教育大辞典》指出：“教学模式是在一定思想或教学理论指导下建立起来的、较为稳定的教学活动结构框架和活动程序。”② 吴立岗认为：“教学模式是依据教学思想和教学规律而形成的在教学过程中必须遵循的比较稳固的教学程序及其方法的策略体系，包括教学过程中诸要素的组合方式、教学程序及其相应的策略。”③

结构说。认为教学模式属于结构论的范畴。如赖志奎认为，“教学模式是指在一定的教学思想或理论指导下，设计和组织教学而在实践中建立起来的各种类型教学活动的基本结构，它以简化的形式稳定地表现出来”④。吴也显认为，“某种活动方案经过多次检验和提炼，形成了相对稳定的系统化和理论化的教学结构，这就是我们的教学模式。”⑤

上述定义尽管对教学模式的表述存在着差异，而且侧重点各不相同，但是它们都普遍认为教学模式是正确反映教学的客观规律，在一定的理论基础上，有效对教学实践进行指导而形成的一种稳定的范式。

综合以上各种观点，教学模式是遵循某种教学思想和教学理论，根据教学的规律和学生的学习认知特点，为完成特定的教学目标和教学任务，依靠一定的教学方法和教学平台，按照教学活动的顺序在教学实践中形成的一种比较稳定的、系统的教学行为范式。但它不是一成不变的，应随着教学情况的变化而不断地进行创新、完善。

二、教学模式的结构

任何一种教学模式都是一个完整的结构，都是由不同的要素组合在一起的。关于教学模式的结构，目前学术界有“四要素说”“五要素说”“六要素说”等，但是大多都赞成“五要素说”，本书也支持这一观点。根据国内外学术界对教学模式结构的论述，一个完整的、科学有效的教学模式，通常包括特定的理论基础、明确的教学目标、有效的实现条件、相对固定的教学程序和科学的评价体系5个要素。各个要素在教学模式中有着不同的地位和作用，它们相互之间既彼此联系又有所分别，共同构成了一个完整的统一体。但是由于在不同的教学实践过程中，会受到各种因素和实施条件的影响，所以教学模式的各要素的具体内容也会有所不同，因此，在此基础上构建的教学模式也会有所不同。

① 高笑天．教学方法与教学模式．教育探索，1996（1）．

② 顾明远．教育大辞典．上海：上海教育出版社，1997：4.

③ 吴立岗．教学的原理、模式和活动．南宁：广西教育出版社，1998：179.

④ 赖志奎．现代教学论．杭州：浙江教育出版社，1998：108.

⑤ 吴也显．课堂教学模式浅谈．教育研究与实验，1988（1）．

（一）理论基础

从某种程度上说，任何一种教学模式的建立与发展都需要以一定的教学思想或教学理论作为其理论基础和理论核心，它是教学模式的灵魂和精髓，没有教学理论或者教学思想作为基础，教学模式就失去了根基。教学模式是否科学、成熟和教学效果如何首先取决于该教学模式的理论基础。教学思想或教学理论在教学模式中一方面作为独立因素而存在，另一方面又渗透于其他因素之中，对其他部分有着制约作用。教学模式所依据的理论基础主要包括哲学、心理学、教育学、管理学、社会学等方面的相关理论和思想。而且，不同的教学思想或教学理论往往形成不同的教学模式，如建立在现代认知心理学理论基础上的布鲁纳的概念获得教学模式、建立在人本主义心理学基础上的非指导性教学模式、建立在信息加工理论基础上的加涅模式等。

（二）教学目标

教学目标也称教学目的，是人们对教学模式所能达到的教学效果的一种期望和对受教育者产生的影响作用提前做出的预判，这是教学模式的核心因素，对教学模式的操作程序、教学评价的标准和尺度等其他因素起着制约作用。明确教学目标是教学模式成败的关键，而教学目标是否科学也直接关系到教学模式的效果，没有了教学目标，教学模式就失去了方向，它们二者是内在统一的。每一种教学模式的构建都是为了完成某种教学目标。如启发式教学模式的目标在于培养学生的自学能力、独立思考能力、创新思维能力和正确的价值观念；讨论式教学模式的目标是通过问题的思辨来促进师生之间的思想共识、锻炼学生的多种思维能力；情感式教学模式的目标是培养学生的情感才能，促进师生之间的知情共进，促进学生的智能、情感和人格的全面发展；发现式教学模式的目标是培养学生探索知识、发现知识的能力等。

（三）实施条件

任何教学模式的顺利实施都需要一定的条件，只有满足特定的条件，教学模式才能顺利实施，才能顺利完成教学任务和既定目标。教学模式的实施条件包括教学所需要的客观条件，如教学对象、教学方法、教学资源、教学载体、教学环境等，也包括教学态度、教学情感等主观条件。当然，每一种条件因素在教学模式中的作用是不相同的，重要性也是有所分别的，因此，在实施教学模式过程中，必须合理调配各种条件，“有利的条件能使大多数学生很好地进行学习，并能从学习中获得满足”①。如合作学习模式需要个体积极地相互依靠、有直接的

① 吴文侃．当代国外教学论流派．福州：福建教育出版社，1990：248.

交流、掌握给小组的材料、具备协作技巧和群体策略等；案例教学模式需要建立案例资料库；现象分析模式要求最好有音像辅助设备等；巴特勒学习模式要求设置一定的课堂环境并且教师必须掌握一定的学习策略等。

（四）教学程序

任何教学模式都是由不同教学环节构成的系统，它具有一套独特、完整、复杂的操作程序和步骤。教学程序是为完成教学任务和实现教学目标而对教学活动的每一个环节进行具体操作的方法和实施过程，其具体表现就是教学策略，它规定了教学活动中每一个步骤的具体实施顺序和操作方法，这是教学模式中最具有操作性的部分，也是最容易被机械模仿的。但由于教学过程的实施具有灵活性，要因人而异、因时而异、因事而异、因地而异，因此，人们提出教学活动的基本阶段及其逻辑顺序也往往不同。所以，教学程序只是相对稳定的，不是一成不变、按部就班的，教师在教学活动中应根据不同的教学情境适时改变。如奥苏贝尔教学模式的基本程序是“提出先行组织者——逐步分化——综合贯通”，讨论式教学模式的基本程序是“准备材料，设计问题——课堂讨论，解决问题——交叉拓展，深化问题——过程回顾，体验评价”，专题式教学模式的基本程序是“调查学生——设置专题——准备材料——专题导入——开展研究——汇报研究报告——教师讲评——教学总结”等。

（五）教学评价

教学评价是指按照一定的标准和方法，对在某种教学模式下完成的教学任务和内容进行一定的测量和评判，以确定教学任务完成的满意度和教学模式的运行是否科学合理，它是教学模式的一个重要构成因素。在教学活动中，当教学主体按照某种教学模式的操作程序实施完成后，需要通过教学评价来不断调整和优化教学活动，力求达到最满意的教学效果。因为每一种教学模式都有自己特定的教学任务和教学目标，而且它们实施的条件和教学程序也各不相同，因此，评价的方法和标准也就不同，一般来说，每种教学模式都有自己规定的评价方法和标准。如布鲁姆的掌握教学模式采用的是结构化评价方法，采用的标准是效标参照性标准；自学-辅导式教学模式采用的是价值评价方法，采用的标准是效能标准等。目前，一些比较成熟的教学模式都已经有了一套自己的评价方法和标准，但是还有一大部分教学模式没有形成自己独特的评价方法和标准。

三、教学模式的特点

虽然随着教学实践的不断推进，加上时代背景和地域文化等因素的影响，形成了各种各样的教学模式，但是从教学模式的构成因素上来说，教学模式一旦形成就有了一些共同的特点。

（一）指向性

任何一种教学模式都是教师围绕着一定的教学目标设计的，都有自己明确的教学任务，而且有自己独特的实施条件和范围，反映了教学活动的具体规律，因此，不存在普适性的教学模式。只要在教学活动中选择和运用得当，能有效地解决问题，任何一种教学模式都是好的。

（二）整体性

作为教学理念和教学实践的统一，任何一种教学模式都是以一定的教学目标为主线，包括了一整套完整的教学结构、运行条件和操作程序，这些因素通过某种固定的方式形成了一个有机的整体。在教学活动中，教师必须按照这个完整的教学程序实施，否则就会影响教学效果。

（三）操作性

作为一种具体化、操作化的教学思想或教学理论，教学模式产生于教学实践，是对抽象理论的具体化，也是对教学实践活动的概括化，但又可以指导教学实践，它规定了教师的教学行为和教学程序，一目了然，很容易操作，也很容易被模仿、掌握，但是不能因此而模式化。

（四）简约性

教学模式是根据一定的教学理论，对复杂教学现象和教学框架以简洁明了的语言、具有某种象征意义的符号或图像进行概括性的解释或者表达出来的。一般来说，教学模式虽然是以符号、图像或语言对教学不同环节进行简略的总结，但也能够很好地表达教学程序和教学结构之间的逻辑关系，使模式高于教学实践，而且容易传播和交流。

（五）稳定性

教学模式最大的特点是稳定，它是依据一定的理论或思想，在长期的教学实践中形成的，是对大量教学实践活动的抽象化，揭示了教学活动的普遍性规律，对教学有着普遍的参考作用。因此，任何一种教学模式一旦形成，就会对教学实践起着长远的指导性作用。但是，这种稳定性只是相对的，不是绝对的，这种普适性也只是在一定范围内具有而已，在特定的教学环境中，特定教学对象的教学模式选择总具有相对稳定的特性。作为社会的产物，它总是受到社会政治、经济、文化、科技、历史等因素的制约。

（六）灵活性

正如前文所述，教学模式受到社会因素的影响，因此，它不是一成不变的。虽然教学模式一经形成，就形成了基本稳定的教学结构和教学程序，但在具体实施过程中，它还是会随着教育思想、教育理念、教育政策的发展而不断发展，同时，它会因为教学外部环境和条件的改变、学科特点的不同、教学内容的变化、学生特点的异动等因素的影响，在教学实践中不断修正和完善，从而不断充实、丰富，因此，教师在具体的教学实践中应该根据情况的变化，适时调整实施方案，灵活运用，确保教学效果最优化。

四、教学模式的功能

（一）实践方面的功能

第一，教学模式具有桥梁中介功能。在教学活动中，教师不能只凭经验和感觉教学，而需要将教学理论应用于教学实践，这就需要一个桥梁，沟通理论与实践。而教学模式来源于教学实践，它体现了设计、实施、调控、评价教学活动的一整套教学方法体系，能将教学活动的各环节有效地结合在一起，并能很好地让人们在教学理论与教学实践之间找到中介环节，使人们重新审视教学活动中的各要素和环节，在教学实践中不断创新，突破原有的教学理论框架，从而不断探索发展新的教学理论体系。

第二，教学模式具有示范引导功能。教学模式一旦形成就具有了稳定性，是可以模仿和操作的，有了较为完备的规范教学理论运用于实践的操作程序。有了规范的教学模式的示范引导，教师能够比较迅速地掌握独立教学的方法，可以减少对教学活动不断盲目摸索和犯错所浪费的时间和精力。因此，教学模式的特点决定了其具有示范引导功能，一方面让教师在教学活动中能迅速熟练地掌握教学的“基本套路”，另一方面教师可以根据具体的教学条件或情境进行灵活的变通，探索新的教学模式，促进教师的创造性的发挥，促进教学工作的规范化。

第三，教学模式具有诊断预见功能。在教学活动中，教师可以对照教学模式不断发现教学活动中存在的问题，并对其进行有效的诊断，从而对教学活动不断改进，促进教学的规范化。由于教学模式揭示了教学活动中的规律性联系，也就是说，如果使用某种教学模式，必须具备教学模式实施的条件，否则就不会出现教学模式预期的目标，因此，教学模式还可以帮助教师有效地增强对教学过程的控制和调节，确保教学取得预期的效果。

第四，教学模式具有系统改进功能。教学模式的运用能够有效地促进教学活动不断优化，成为一个有机的系统。在教学活动中，教学目标与教学条件、教学程序等因素是相互适应的，一旦不能适应新的教学目标，就需要不断改进教学活动中的其他因素，或者对教学模式不断进行创新，直到有一种更有效的、更完善的教学模式适应了新的教学目标，从而促进教学改革，实现满意的教学效果。所以，教学模式的系统改进功能是基于教学整体的角度的，我们在教学模式优化的时候必须有整体的、动态的眼光。

（二）理论方面的功能

一方面，教学模式作为某种教学理论的概括和简化，在实践中被不断证明，已经具有一套相对稳定的教学结构和教学程序，具有可操作性，容易被人们掌握和运用。另一方面，教学模式是通过简洁明了的语言文字或者具有象征意义的图像符号来对教学理论进行阐释的，比较容易传播和普及，因此，教师可以比较迅速地掌握其实质，从而用来指导教学实践。同时，通过对教学模式的运用，教师能够从教学模式的不断实践和检验中探索新的问题，促进教学理论的发展和提高教学水平与能力。

五、高校思想政治理论课教学模式的内涵

要提高高校思想政治理论课教学水平和实效性，开展高校思想政治理论课教学模式改革，必须首先明确高校思想政治理论课教学模式的科学内涵。

目前，理论界对高校思想政治理论课教学模式的内涵有统一的认识，大多是从教学模式的概念出发提出了高校思想政治理论课教学模式的内涵。第一种观点是从目的论的教学模式观出发，认为思想政治理论课教学模式是以构建大学生的学习参与机制，形成“实践体验”与“内化践行”的学以致用能力为目标指向的①。还有人提出，高校思想政治理论课教学模式“是在现代思想政治理论课理论与实践的基础上，促进教育双方自我教育、自我管理、自我发展，以增强和发挥人的能动性为导向的理论模型和实践范式”②。第二种观点是从程序论的教学模式观出发，认为思想政治理论课教学模式“是思想政治教育教学工作者基于一定的思政教育和教学理念，在一定的思政教育教学目标引领下，整合教学资源，按照教学程序开展教学活动的循环范式”③。第三种观点是从方法论的教学模式观出发，认为思想政治理论课教学模式是思想政治理论课教学的一般操作样式④，或者说是“以学生为主体，以学科知识为背景，以案例材料为依据，以多媒体技术为手段，以素质能力的培养为目的”的一种模式⑤。

综合以上观点，本书认为，高校思想政治理论课教学模式有狭义和广义之

---

① 赵红珍．大学生思想政治理论课教学模式探讨．中山大学学报论丛，2007（8）．

② 张时碧，罗桂全．高职院校思想政治理论课教学模式改革与发展探析．世纪桥，2010（11）．

③ 吕春燕．民办高校思想政治理论课教学模式改革探讨．经济研究导刊，2012（34）．

④ 张志荣，薛忠义．试析高校思想政治理论课教学模式的整体框架．黑龙江高教研究，2013（4）．

⑤ 姜冰．试论高校思想政治理论课课堂教学的基本模式．思想政治教育研究，2006（5）．

分。从狭义上来讲，高校思想政治理论课教学模式就是指高校思想政治理论课课堂教学模式，是教师基于一定的教学思想和理念，围绕教学目标和教学内容，按照一定的教学程序，有效开展的课堂教学活动，对大学生进行马克思主义理论教育和中国特色社会主义理论体系教育的一种范式。从广义上来讲，高校思想政治理论课教学模式不仅仅包括课堂教学模式，还包括实践教学和网络教学模式，是三者的有机结合。因此，所谓高校思想政治理论课教学模式是指在一定的教学思想或理论指导下，特定的教师、学生、媒体、社会环境按照一定的程序，整合各种教学资源，围绕一定的教学内容通过互动以实现思想政治理论课教学目标的一种教学行为范式。

从这个概念来说，高校思想政治理论课教学模式除了具备一般教学模式的所有特点外，还具有学科性这一独有的特征，即适合在高校思想政治理论课教学实践中运用的教学模式，是具体层面的教学模式，包括课堂教学模式、实践教学模式和网络教学模式 3 个部分，而且这 3 个部分不是独立的，而是相互结合、交叉的。而且，高校思想政治理论课教学模式强调主体间性，有利于充分发挥学生的主动性和参与性，有助于提高学生的综合素质和促进学生的全面发展。

高校思想政治理论课教学模式的建构和运用受到思想政治理论教育学科教学的特殊规律制约，如双向互动规律、适度伸张力规律、内化外化规律和实践认识规律等，但最重要的是要通过高校思想政治理论课教学模式的运用，实现从教材体系向教学体系转化、从教学体系向思想体系转化、从思想体系向实践体系转化，使大学生能够真正用马克思主义理论和中国特色社会主义理论体系指导生活、解决问题，促进学生综合素质全面发展。

第二节　高校思想政治理论课教学模式的理论基础

高校思想政治理论课教学是高校思想政治教育的重要组成部分，也是开展中国特色社会主义理论和马克思主义理论教育的关键，因此，它有着科学的理论基础。正确认识高校思想政治理论课教学及其教学模式的理论基础及与其相关的理论，有助于我们更好地促进高校思想政治理论课教学模式改革，提高教学效果。

一、马克思主义人的本质理论

马克思明确提出，人的本质是社会性，“不是它的胡子，它的血液，它的抽象的肉体”[①]，也“不是单个人所固有的抽象物，在现实性上，它是一切社会关

① 马克思恩格斯全集：第 3 卷．北京：人民出版社，2002：29.

系的总和”①。在马克思看来，人的存在具有自然属性和社会属性两个方面。其中，人的自然属性主要是指生存、繁殖、获取食物和各种复杂的动物的本能的活动，而人的社会属性是指基于物质资料生产而形成的人们相互交往的属性，从这一点来说，人是社会的存在物。另一方面，人具有历史性和现实性。不同的历史阶段人的本质也不尽相同，人的本质不是一成不变的，是随着社会和历史的发展而不断发展着的。随着社会生产力的不断发展，人类的社会关系也在不断发展，人的思想、道德观念等也会随之变化，这种变化发展也会导致人的本质会不断发展变化。人的本质是现实的，人总是生活在现实的社会关系中，并受其制约。而且，人的本质的核心是实践，这是人与动物的根本区别，“我们不是从人们所说的、所设想的、所想象的东西出发，也不是从口头说的、思考出来的、设想出来的、想象出来的人出发，去理解有血有肉的人。我们的出发点是从事实际活动的人”②，“而自由的有意识的活动恰恰就是人的类特性”③。因此，人的本质具有发展性，是随着社会发展的变化，随着社会关系的变化，而不断发展的。

基于马克思主义关于人的本质，我们在高校思想政治理论课教学中必须遵循高校思想政治理论课教学及其教学模式的形成、发展规律。人的本质理论告诉我们，在高校思想政治理论课教学及其教学模式改革中，我们在确定教学目标、教学内容和选择教学方法时，必须考虑教学对象所处的具体的社会关系。当前，我国全面深化改革不断深入，全球化进程不断加快，大数据时代已经来到，高校思想政治理论课教学面临着更严峻的挑战，但也面临着良好的机遇，我们要充分发挥人的自觉意识，立足于新的社会实际和社会思潮，与时俱进，不断更新教学内容，创新教学方法，推进高校思想政治理论课教学模式改革，以切实提高教学的实效性。同时，在教学中要充分发挥大学生的能动性和创造性，坚持以人为本，引导大学生在社会实践中提高思想素质，实现能力提升。与此同时，通过高校思想政治理论课教学及其教学模式改革，可以引导人正确认识社会历史发展的规律，使人的实践性和能动性朝着正确的方向发展，同时促使人形成良好的品质，从而不断促进人的主体性的实现。

二、马克思主义关于人的全面发展理论

人是社会的人，人的这种本质属性决定了作为社会历史主体的人的不断发展推动着社会的发展，离开人的发展，社会的发展也无法实现。社会的发展是全面的发展，因此，个人的全面发展是社会发展的基础。而人的发展最终是因为人的需要，人需要追求自身的自由和解放。实现自我满足的需要，会体现在人追求自

---

① 马克思恩格斯选集：第3卷．北京：人民出版社，2012：139.

② 同①152。

③ 马克思恩格斯全集：第3卷．北京：人民出版社，2002：273.

身的全面发展中。因此，人的本质与人的需要决定了人需要全面发展。马克思在《1844年经济学哲学手稿》中指出，人的全面发展是“人以一种全面的方式，就是说，作为一个总体的人，占有自己的全面的本质”①，强调人的全面发展，自由、充分发展，包括人的需要、能力、社会关系、自由个性、主体性等方面的全面发展。这是马克思主义关于人的全面发展理论的基本含义。

马克思认为，人的需要是人的内在本性。马克思主义认为，需要是人活动的基本动力和个体积极性的源泉。一旦“没有需要，就没有生产”②，需要的产生是因为人们“每一种本质活动和特性，他的每一种生活本能都会成为一种需要”③。由于人的需要根源于人的本质，所以人的需要的满足也是随着人的本质的变化和发展而不断变化和发展的，正如马克思所说：“像野蛮人为了满足自己的需要，为了维持和再生产自己的生命，必须与自然搏斗一样，文明人也必须这样做；而且在一切社会形式中，在一切可能的生产方式中，他都必须这样做。这个自然必然性的王国会随着人的发展而扩大，因为需要会扩大；但是，满足这种需要的生产力同时也会扩大。”④ 人的需要不仅仅是发展的，而且还是发展不平衡的，一方面受到主体自身素质的限制，另一方面也受到一定的社会条件的制约。因此，人们在面对生存与发展的各种需要时，一定会受到社会生产力发展水平的制约，根据社会条件提出合适的需要。列宁认为，“如果目前就企图提前实现将来共产主义充分发展、完全巩固和形成、完全展开和成熟的时候才能实现的东西，这无异于叫四岁的小孩去学高等数学”⑤。因此，充分满足人的需要也是人的全面发展的重要内容。人的本质决定了人是在不断满足需要的过程中而从事物质生产和精神活动的，一旦所需要的得到了满足，就会向更高层次的需要发展，从而不断促进人的全面发展。正如德国学者兰德曼（Michal Landmann）指出的“人不仅可能把自己提升为一种值得敬慕的、令人惊奇的事物，人也可能利用自我形成的能力变得比任何野兽更野蛮。”⑥ 因此，人对精神的需要也是促进人的发展和人生活当中必不可少的。“任何人的职责、使命、任务就是全面地发展自己的一切能力，其中包括思维能力。”⑦ 所以，人的社会关系的全面发展也是人的全面发展的重要内容，“社会关系实际上决定着一个人能够发展到什么程度”⑧。人的发展要受到现实的社会关系的制约，不能脱离自身所处的社会关系，

① 马克思恩格斯全集：第3卷．北京：人民出版社，2002：303.
② 马克思恩格斯全集：第3卷．北京：人民出版社，2012：691.
③ 马克思恩格斯全集：第2卷．北京：人民出版社，1957：154.
④ 马克思恩格斯全集：第46卷．北京：人民出版社，2003：928.
⑤ 列宁全集：第39卷．北京：人民出版社，2017：29－30.
⑥ ［德］米切尔·兰德曼．哲学人类学．张乐天，译．上海：上海译文出版社，1988：203.
⑦ 马克思恩格斯全集：第3卷．北京：人民出版社，1960：330.
⑧ 马克思恩格斯全集：第3卷．北京：人民出版社，1960：295.

否则就不可能得到有效的发展，因此，人的全面发展也应该不断促进人的社会关系的丰富和发展。人的全面发展是与社会发展的历史阶段相适应的，在完全是自然发生的最初的社会形态下，“人的生产能力只是在狭小的范围内和孤立的地点上发展着”；随着社会的不断发展，才能形成“普遍的社会物质变换、全面的关系、多方面的需要以及全面的能力的体系”，实现人对人的依赖关系；一旦社会生产力得到高度发展，当“个人全面发展和他们共同的、社会的生产能力成为从属于他们的社会财富”，此时人也就得到了全面自由的发展①。从某种程度上说，人的自由个性的全面发展依赖于人的主体性的发展，凭借自己的能力和在社会中所处的支配地位，在社会历史活动中所表现出来的能动性、创造性、自主性，而人的这种主体性的充分发展也会进一步促进人得到更加全面自由的发展，使人作为自己的主人得到自由发展。

因此，高校思想政治理论课教学及其教学模式改革需要以对人的研究为基础，分析学生的需要，探究他们的思想、动机和行为的社会根源和心理生理根据，根据实际，不断调整教学方法和内容，坚持以人为本，关注当前大学生的思想观念和精神需要的变化，向他们提供精神关怀和积极的引导，尽量满足他们合理的需要，同时要根据学生不同的需要采取针对性、差异化教学。同时，由于人有自尊的需要，所以在高校思想政治理论课教学中，要尊重学生的人格，坚持以情动人、以理服人，情理交融，充分认识他们的价值，激发他们树立崇高理想和远大目标，提高教学的实效性。而高校思想政治理论课教学不仅是对大学生进行知识教育，更要培养大学生树立正确的价值观、世界观和人生观，实现人自身的回归，不断健全自身的人格，促进全面发展。因此，高校思想政治理论课教学模式必须根据社会实际不断创新，充分调动大学生的积极性，促进他们的能力、自由个性的充分发展，积极发挥他们的主体性，在各种社会关系中不断满足自我需要，实现自我价值，同时为大学生提供实现全面自由发展的智力支持、精神动力与和谐的社会环境。

三、思想政治教育学主体间性理论

传统的主体性教学理论是从单纯的主体与客体的关系角度来理解和认识学生的主体性问题，在国家课程的权威下，教师具有先天的优势，强调学生在教师的科学指导下进行被动学习，实现被动发展。但是这种单一的“主体-客体”关系追求的是单向灌输，造成“人的空场”，容易产生人与人之间的关系异化，教育者与受教育者之间也会缺乏沟通与互动对话，导致教学缺乏吸引力和感染力，很难提高教学的效果。实际上，高校思想政治理论课教学效果不佳的原因就是“人不在场”，要解决这一问题，必须强调主体间性，也就是强调以个体的主体性为

---

① 马克思恩格斯全集：第 30 卷．北京：人民出版社，1995：107－108.

基础，同时强调主体与主体之间的和谐统一、互相交互，这是对主体性理论的发展、完善。主体间性是随着交往的发展而发展的。随着社会经济的发展，人们逐渐意识到人与人休戚相关，人与人之间的联系交往越来越普遍，单纯靠自己的力量并不能解决生活中出现的各种问题，必须展开各种对话交流，在交流中不断扩大自己的视野，在对话中不断丰富自己的生活。正如马克思所言，人的本质是一切社会的总和，人逐渐意识到必须和周围的个人来往，才能使人的本质得到不断体现，而且这种交往不仅仅体现在直接的交往中，甚至当“从事一种我只是在很少情况下才能同别人进行直接联系的活动的时候，我也是社会的”[①]，而且交往不仅仅体现在物质交往上，精神交往也是交往的一部分，它们共同促进了人的社会关系的进步。主体间性理论改变了主体性理论主客二分的思想，它不仅仅强调主体与客体的关系，还强调主体与主体之间的关系，实现了单极化向交互性的转向，能有效实现“人在场”，从而促进主体与主体之间的和谐统一，形成一个统一的“人的世界”。正如哈贝马斯（Jurgen Habermas）所说：“主体间性意味着主体与主体在交往活动中表现出来的交互主体，他们之间存在着同一性和一致性。交往双方彼此缔造对方决定对方的存在，双方不存在建构和被建构的关系，而是在成就对方的基础上达成理解，达成共识并走向融合。”[②] 主体间性教学强调教师与学生之间的交互性，互相以对方的存在为存在，二者之间是一个统一体，是平等的关系，教师没有话语霸权，教学是以一种趋于民主、平等的方式进行，实现教学主体由单一性向主体间性转变，教学内容由抽象理论逐渐向生活世界转变，使教师与学生在交往情境中实现了真正的精神层次上的交流，接纳着对方，获得理解与沟通。通过这种互动交往和对话交流，不仅能促进教师教学能力和水平的提高，还能激发学生学习的兴趣，并能让学生在互动交往中逐渐深化自己的价值观念，培养自己的创新思维和实践能力，促进学生丰富自己的生活，实现全面自由的发展。

高校思想政治理论课教学主体间性关系主要包括教师和学生二者之间的“主体-主体”相互关系、以教育资料为中介的教师与学生之间的关系以及人的一种精神性的实践活动即主体与外部环境之间的关系三个方面。因此，在高校思想政治理论课教学中，一方面要遵循双主体理论，师生之间要平等交流、互相尊重、互相理解，但是要区分二者的主体地位和作用。因为高校思想政治理论课教学效果的好坏，不仅仅取决于教师的主体性发挥程度，还取决于学生主体性参与的深度和广度。另一方面，不仅要在教学内容上坚持贴近实际、贴近生活、贴近学生的原则，以内容为桥梁，把学生所关心的问题融入教学体系中，使教学内容从抽象走向具体，避免“假大空”“高大全”，还要在教学方法上灵活多样，努力使教

① 马克思恩格斯全集：第3卷．北京：人民出版社，2002：301.

② 杨大春．语言·身体·他者．上海：生活·读书·新知三联书店，2007：257.

学过程与教学理念和要求相符合，使教学在人与人之间的主体间相互交流、平等对话中顺利进行，不能以独白式的方式开展教学，要摒弃那种“我说你听”的教学方式，确保教学活动中师生能达成共识、共情、共感，而且还要尊重学生的差异性，确保教学的动力和源泉，从而取得更好的效果。同时，高校在思想政治理论课教学中要注意与周围外部环境的和谐统一。主体间性教学理论要求高校思想政治理论课教学“对于外部社会，既不能亦步亦趋，简单盲从，又不能漠然处之，无动于衷，而应持一种理性的态度，对促进人的发展、社会的发展保持前瞻性、引导性、规范性”①，正确处理个体需要与社会需要等不同主体之间的关系，避免沦为纯粹的工具性。

四、教育学的情境学习理论

作为西方教学理论中比较有影响的理论学派，情境学习理论强调知识学习者与情景互动。至于什么是情境，国内学者沙莲香教授曾经对此做过比较深刻的理解：“‘情境’这个概念，是由美国社会学家托马斯等 1918 年在《欧洲和美国的波兰农民》一书中最早提出的，后来在社会心理学和社会学中经常使用。情境是从认知的角度说明行为者与环境、主体与客体的相互关系。行为者在行动和活动之前对于环境（客体的总和）的知觉和认知，不是纯客观的，而是多少加进了主观成分，从主观上给予规定和把握。这种从主体上予以规定和把握的环境，叫情境。”② 后来，情境这一概念被引入教育学。教育、学习不是独立存在于真空中的，而是普遍存在于教育者和学习者日常生活的各个角落，是教育主体与环境不断交互的产物，只有在教育处于有意义的情境时，教育和学习才会有效。正如杜威提出的：“教育即生活。”教育是一种与社会生活密切相关的特殊环境，是最完全的现实生活。情境学习理论认为，个体、社会以及环境等是一个统一的整体，学习是通过活动来获得的。在个体参与学习实践的过程中，必须积极适应社会环境的发展变化，学会与他人共同相处，保持社会环境的调适能力，才能提高社会化水平，提高自身的能力。学习一旦脱离生活的真实环境，学习或者提高能力是没有意义的。因此，学习一方面要与共同体中的其他成员相互对话合作，因为学习要从实习场走向真实场。在传统的教学过程中，教师与学生的关系是主导与被动的关系，学习者学习知识的过程是处于实习场中，但与社会是脱节的，因此必须改变这种学习结构，把学习过程与生活过程统一起来，让学习成为一个真实场的共同体，毕竟在这个共同体中，每一个成员都有着共同的文化背景、共同的目标、共同的信念、共同的需要和相互依赖的系统，使学习的个体通过各种方式传递学习共同体的经验与社会规范，通过学习再生产，不断地提高自身的能力，从

---

① 张耀灿，等．思想政治教育学前沿．北京：人民出版社，2006：355.

② 沙莲香，等．社会心理学．北京：中国人民大学出版社，1987：49－50.

而进入再生产循环系统，在这个学习共同体中找到自身的价值，达到自我建构。另一方面，学习要关注与教育外部和内部的环境的关系。杜威和卢梭曾经提出过要重视教育与环境的关系，但是他们所说的环境还是社会环境，而情境学习理论却把学习环境与教育情境统一起来，认为在与人的主观世界发生关系时，教育环境是自发的，但同时环境也是人创造的，因此，环境学习理论寻求在教学过程中设置一种符合教育的学习生态，而且设置的这些环境是以学习者为中心，服务于学习者意义建构的需要，“关注的不再是教师应该以什么方式最有效地传递（传输）信息以及使信息为学生所理解，而是它们为学习者提供的给养以影响他们的环境和意义的制定”①。

根据情境学习理论，高校思想政治理论课教学是一种文化的、精神的、心理的、主体的体验和人际互动，因此，必须改变传统的一块黑板、一支粉笔的低水平教学形式，要为学生创设情趣、对话、学习型组织等各种情境，发挥渗透性教育的作用，利用情境把教学内容有效地传递给学生，在平等对话中激励学生思考，让学生在情境中获得知识，形成情感体验和认同，从而促进知识、能力和情感的发展，达到教学的理想境界。

五、教育学的建构主义学习理论

作为认知心理学派的一个分支，建构主义最早是由瑞士的皮亚杰提出来的，其后代表人物有科尔伯格（Lawrence Kohlberg）、斯滕伯格（Robert J·Sternberg）、维果茨基（Lev Vygotsky）等人，随后逐渐成为西方最流行的学习理论。建构主义学习理论认为，传统的教学模式是以教师为中心的，学生接受知识的过程是一种被动的过程，在这种模式中，教学处于一种“孤岛效应”。相反，建构主义学习理论认为教学是“教”和“习”两个过程的结合，学生的知识不是通过教师传授得到的，不是一种被动接受的过程，而是在与环境的相互作用中的主动探索、主动获取的过程，是在与人之间的合作交流过程中，通过意义建构的方式获得的。因此，根据建构主义学习理论，在教学过程中，学生才是教学的中心，教师只是利用可用的学习环境要素，在发挥学生的主观能动性和参与性的基础上，与学生进行互动合作，最终使学生能够对当前所学的知识进行有效的意义建构。在这一过程中，学生是教学活动的参与者和知识的构建者，需要采取主动、探索的学习方式，对知识进行加工，形成自己对知识的理解和建构，而教师只是教学活动的组织者和指导者。

建构主义学习理论给我们的启示是，高校思想政治理论课教学中要根据教学内容和学生的实际，以历史、个案等为背景资料精心创设教学情境，将枯燥的理

① ［美］戴维·H. 乔纳森. 学习环境的理论基础. 郑太年，等，译. 上海：华东师范大学出版社，2002：5.

论融入历史和当代的实际，将知识进行时代和生活的还原，增加理论在时空上的丰富性，扩大教学的理论视野，引导学生对知识进行意义建构。同时，要在教学中改变过去传统的认识与被认识、主导者与被动者的角色地位，坚持民主平等原则，加强与学生的合作、对话，因为对话是人的一种基本的生存方式和生活方式，使学生在这种民主平等的环境气氛中进行创造性思维和意义建构，使高校思想政治理论课教学不仅仅是教与学的过程，更是学与学的过程，正如孔子所说："三人行，必有我师。"

第二章　高校思想政治理论课教学模式的现状分析

高校思想政治理论课开设以来，各高校在一些传统教学模式的基础上不断摸索，取得一些进展与成绩，但是在实际运行中，也暴露出一些普遍性的问题，这些问题影响了高校思想政治理论课教学的效果。要加快高校思想政治理论课教学模式改革，必须对当前高校思想政治理论课教学的发展现状进行分析。为此，通过发放调查问卷，对当前高校思想政治理论课教学及教学模式运行情况进行了抽样调查。

第一节　调研方法

为了对当前高校思想政治理论课教学模式改革现状进行有效的调查分析，分别采取了定量分析和定性分析两种方法。

根据调查目的、调查条件等，分别设计了《高校思想政治理论课教学及其教学模式情况调查问卷》（学生用）和《高校思想政治理论课教学及其教学模式情况调查问卷》（教师用），对当前高校思想政治理论课教学及其教学模式改革现状进行了定量分析。问卷内容包括当前高校思想政治理论课教学及其教学模式的优缺点、影响教学及教学模式的因素、教学及教学模式效果等。开展问卷调查，一方面是为了了解当前高校思想政治理论课教学中取得的成绩和存在的不足，另一方面是为了了解学生和教师对高校思想政治理论课相关问题及高校思想政治理论课教学的认识，为进一步加强高校思想政治理论课教学模式改革提供参考。为了确保调查结果更具有广泛性，选择了在黄冈师范学院、中南民族大学、仰恩大学、华东政法大学、长春理工大学、东北林业大学、四川外国语大学、农垦科技职业学院、兰州大学、福建中医药大学 10 所高校进行调查，这 10 所高校涵盖了师范、民族、政法、农林、理工、医科、语言及综合性大学，而且包括高职院校、民办高校、“211”高校、“985”高校和地方性院校等类型，同时在地域上也具有分散性，包括东、南、西、北等各个地区的高校，可以更好地反映不同地区的教学情况。

对上述 10 所高等院校本科学生（除大四学生以外）发放了 1 000 份调查问

卷，每所高校各100份，收回问卷936份，回收率达93.6%，其中有效问卷903份，有效回收率为90.3%；对10所高等院校教师发放了100份，每所高校10份，收回问卷98份，回收率达98%，其中有效问卷93份，有效回收率93%。此次调查问卷回收率较高，其主要原因是调查问卷采取了不记名的投票方式，使调查对象放下了防备心理，没有顾虑；另一方面主要是调查问卷的调查内容比较适合被调查者的期盼，而且问题量不多，参与调查不会占用太多时间，而且调查问卷的发放填写受到各高校相关教师和学生的配合。

在来自学生的903份有效问卷中，按学生所在年级分，一年级231份，所占比例为25.60%；二年级426份，所占比例为47.20%；三年级246份，所占比例为27.20%（图2-1）。按学生专业类别分，理工类学生占36.30%，文史类学生占48.20%，艺术类学生占9.50%，其他专业学生占6.00%（图2-2）。

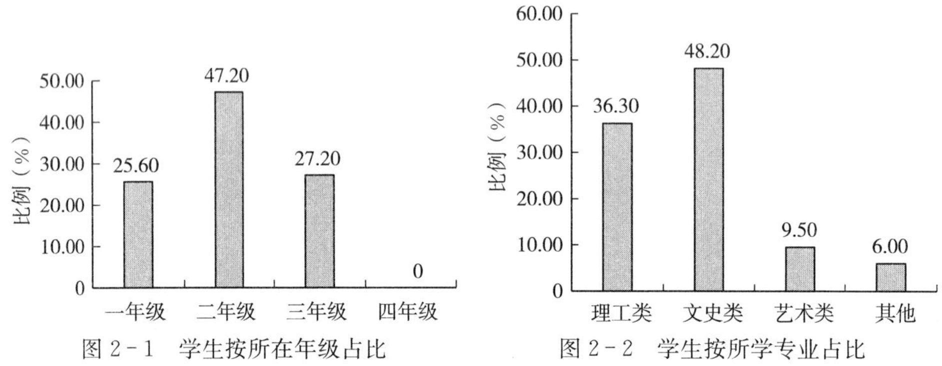

图2-1　学生按所在年级占比

图2-2　学生按所学专业占比

为了更好地完成抽样调查的目的，还采取了定性分析法，为此，深入东北林业大学、东北农业大学、黑龙江工程学院，通过和本科生一起听课，与学生和教师交流对当前高校思想政治理论课教学及其教学模式改革的看法，同时，还有针对性地通过QQ群、微信群等网络手段，采取了个别性的访谈调查，对当前高校思想政治理论课教学及教学模式运行的现状进行了调查分析。

第二节　高校思想政治理论课教学模式取得的成绩

自从我国高校开设思想政治理论课以来，很多高校在教学实践中不断探索，开展了一些教学改革，取得了一定的成效，积累了一些经验，为推进高校思想政治理论课教学改革奠定了良好基础。

一、教学模式形式日益多样化

自改革开放以来，各高校都从培养中国特色社会主义事业建设者和接班人的高度，在高校思想政治理论课教学中不断推进改革，积极探索了各种教学模式，提高了教学的针对性和实效性，尤其是2013年以来，教育部社科司主推的高校思想政治理论课教学方法“择优推广计划”的实施，推进了高校思想政治理论课教学模式的创新和形式多样化。结合抽样调查与中国知网上的相关文献，发现目前各高校思想政治理论课教师与学者提出了20多种高校思想政治理论课教学模式。从教学的主体出发，笔者将这20多种教学模式分为4类（表2-1）。

表2-1 当前高校思想政治理论课教学模式种类

类 别	代表性高校思想政治理论课教学模式
以教师为主导的教学模式	灌输式教学模式、案例式教学模式、专题式教学模式、任务型教学模式等
以学生为主体的教学模式	问题式教学模式、启发式教学模式、研究型教学模式、自主学习型教学模式、体验式教学模式、分层化教学模式、菜单式教学模式、支架式教学模式、实践式教学模式、抛锚式教学模式等
以师生互动为主的教学模式	讨论式教学模式、参与式教学模式、互动合作式教学模式、情境式教学模式、开放式教学模式、对话式教学模式、立体化教学模式、游戏化教学模式、和谐型课堂教学模式、翻转课堂等
以信息技术为主的教学模式	多媒体教学模式、移动课堂、MOOCs、WebQuest 教学模式、WBI 教学模式、JiTT 教学模式等

这4类教学模式中，第一类教学模式是以教师为主导，其主要教学方式是传递-接受，这种教学模式下的师生关系结构是单向反馈的，而学生的主体地位被忽视了，是一种“主体-客体”教学模式；第二类教学模式是以教师为主导、以学生为主体，其主要教学方式是发现式教学，这种教学模式下的师生关系是双向的，是一种“主导-主体”教学模式；第三类教学模式是以教师与学生为双主体的，其主要教学方式是参与式教学，这种教学模式下的师生关系是多向的，是一种主体间性教学模式；第四类教学模式是随着信息技术的发展所发展起来的一类教学模式，这种教学模式是一种信息加工型教学模式，是一种融合式、混合化的教学模式，更注重教师、学生以及媒介的主体性。这些教学模式都从不同方面很好地调动了大学生学习的积极性和学习兴趣，使高校思想政治理论课教学更有吸引力、感染力和渗透力，提高了教学的针对性和实效性。根据抽样调查，学生和教师都认为目前使用最多的教学模式是以下几种：案例式、启发式、讨论式、专题式、互动合作式以及问题式。

二、教学模式逐渐从以教师为主向以学生为主转变

《〈中共中央宣传部教育部关于进一步加强和改进高等学校思想政治理论课的

意见〉实施方案》（即“05 方案”）实施以来，随着高校思想政治理论课教学模式的形式向多样化发展，高校思想政治理论课教学模式的运行理念也更加注重以人为本的思想，逐渐从以教师为中心向以学生为中心转变。传统的高校思想政治理论课教学模式比如案例式教学模式等是一种以教师为中心的教学模式，更加注重教师的主体作用，教师是整个教学的核心，负责向学生讲解教材上的内容与知识，向学生传递教学信息，而学生则处于一种被动学习的地位，是知识的被动接受者，一切学习活动都是围绕着教师的组织安排和要求进行，学生基本上成为一个模式化的记忆机器。虽然这种教学模式有利于教师组织、监督整个教学活动的进程，有利于系统知识的传授，但是也因为缺乏情感交流，忽视了学生的主体作用，不利于学生各种能力的培养。“05 方案”实施以后，高校思想政治理论课教学模式在教学中围绕学生、关照学生、服务学生，在充分发挥教师的主导作用的同时，也更加注重发挥学生的主体地位和作用，在教学方式上努力贴近学生实际，根据思想政治理论课教学规律和学生特点，开展了启发式、参与式、问题式、研究式等思想政治理论课教学模式，很好地尊重了学生的主体地位，满足了学生的个性需求，充分发挥了学生的积极性和创造性，使学生在自主学习的过程中通过对问题的分析、讨论和参与，全面提高自己的综合能力。

三、教学模式逐渐注重实践教学和网络教学

从当前高校思想政治理论课教学模式的形式来看，随着社会经济、科学技术的发展以及国内外形势的变化，党和国家对实践教学和网络信息技术在教学中的运用越来越重视，高校思想政治理论课教学模式也逐渐开始注重实践教学和网络教学。“05 方案”实施以来，实践教学在高校思想政治理论课教学中的重要作用越来越凸显，党中央也多次强调在高校思想政治理论课教学中要加强实践教学，并规定了实践教学的学分，积极探索实践育人的长效机制，为此，各高校在思想政治理论课教学模式改革中也开始逐渐加强了对实践教学的关注，比如自主学习型教学模式、模块化教学模式等的提出都很好地注重了实践教学，并且有的高校和学者还专门针对高校思想政治理论课实践教学提出了各种实践教学模式，如“八位一体”实践教学模式①、“三三制”实践教学模式等②。一方面，随着网络信息化的发展和互联网的迅速发展，高校思想政治理论课教学模式不再局限于在教学方式上采用多媒体教学课件、电化教学等的辅助性应用，而更多的是主动出击，提出要“主动占领网络思想政治教育新阵地”，要积极运用新媒体、新技术，推动高校思想政治理论课的传统教学模式同信息技术的高度融合，促进高校思想政治理论课教学模式的创新发展。另一方面，教育部社科司主导建

---

① 韩丽君．“八位一体”实践教学模式探析．黑龙江高教研究，2011（4）．

② 李大健．构建高校思想政治理论课“三三制”实践教学模式．思想理论教育导刊，2012（9）．

设了高校思想政治理论课课程网站、教师基本状况数据库、专项申报评审平台等，课程数字化建设和教学资源的开发也取得一定成效，如国家精品视频公开课、国家精品资源共享课以及“精彩一课”“精彩课件”评审等，推动了高校思想政治理论课教学模式的创新。与此同时，各高校思想政治理论课教学模式的实施过程中对信息技术的应用不再仅仅局限于将其与教学模式进行结合，而是创造性地单独运用，在高校思想政治理论课教学模式中深度融入 MSN、博客、微信、易信、易班、微课等以及大数据、云计算等，甚至一些高校开展了形式多样的思想政治理论课网络教学模式改革，如提出了翻转课堂、移动课堂、WebQuest 教学模式等。

四、教学模式的运行机制逐渐健全

根据党中央和教育部的人才培养要求，各高校在思想政治理论课教学中为提高教学的实效性，不仅创新了形式多样的教学模式，而且在教学模式的运行机制上也逐渐完善，制订了详细的教学计划和加强了教师队伍建设，对高校思想政治理论课教学的教学理念、教学内容、教学目的、考评方法、教学保障等都进行了明确的规定，对教学模式的实施、管理和保障都从制度上进行了规范，保证了高校思想政治理论课教学模式的正常运行。如 2011 年，教育部印发了《高等学校思想政治理论课建设标准（暂行）》的通知规定，各高校党委要直接领导，分管校领导具体负责，并成立相应的领导机制；建立了专题研究会议制度、学校党政领导听课制度等，并要求成立相应的组织机构，配齐机构主要负责人，健全基础设施如图书资料、办公用房等，安排一定的专项经费并实行专款专用，加强了教学的组织管理。在教学管理上，该通知规定，要建立备课、听课制度以及教学内容和教学质量监控制度，积极探索教学方法改革、优化教学手段，改革考试评价方式，鼓励小班教学，加强实践教学，并对课程设置、教材使用做了进一步的明确规定。同时，该通知还对教师队伍管理、学科建设、特色项目建设等明确了建设标准。这些政策制度的规范化，健全完善了高校思想政治理论课教学模式的运行机制和教学模式改革，保证了教学的实效性。

五、教学模式的顶层设计逐渐完善

高校思想政治理论课教学及其教学模式改革是一项复杂的、系统的工程，不是靠几个人短期内就能完成或者提高实效性的，它涉及教学的各个组成部分。包括教学主体、教学客体、教学环境等，也需要各个部门互相配合协调，才能顺利实施和取得实效，更需要进行合理科学的顶层设计，否则，教学模式的运行就会失去动力。高校思想政治理论课教学模式运行的顶层设计包括对组织领导、人才队伍建设、经费保障、评价机制等的设计。“05 方案”实施以来，党中央和国务院多次从不同的角度对高校思想政治理论课教学模式的运行进行了顶层设计。中宣部、教育部《关于进一步加强和改进高校思想政治理论课的意见》中规定了要从组织领导、人才队伍建设、经费保障、激励政策等方面建立一系列制度，保障高校思想政治理论课教学模式顺利进行。随后，党中央、国务院及相关部门相继出台了一系列政策或下发了一系列文件，如中宣部、教育部、新闻出版总署印发了《关于加强高校思想政治理论课教材出版管理的通知》，中宣部、教育部下发了《关于组织高校思想政治理论课骨干教师研修的意见》，中宣部、教育部印发了《关于进一步加强高等学校思想政治理论课教师队伍建设的意见》，教育部下发了《关于成立 2010—2014 年高等学校思想政治理论课教学指导委员会的通知》，教育部印发了《高等学校思想政治理论课建设标准（暂行）》，中组部、中宣部、教育部印发了《关于加强和改进高校青年教师思想政治工作的若干意见》，教育部印发了《普通高等学校思想政治理论课教师队伍培养规划（2013—2017年）的通知》等，从各方面对高校思想政治理论课教学模式的运行进行了顶层设计，保障了高校思想政治理论课教学模式的运行与改革。高校思想政治理论课教学模式的评价不仅可以衡量大学生的马克思主义理论素养和思想品质，也能检验教师的教学水平和能力。改善思想政治理论课教学模式对进一步加强和改进思想政治理论课教学，优化其教学模式具有十分重要的意义。因此，近年来，各高校从提高思想政治理论课教学的实效性入手，高屋建瓴，建立健全了高校思想政治理论课教学评价机制。但由于高校思想政治理论课教学模式的评价体系涉及很多方面，因此各高校在建立评价机制的时候，根据一定的原则如科学原则、系统原则等，制定了评价标准，选取一定的评价方法，针对课堂教学与实践教学、教师教学与学生学习，从效果或过程或效果和过程相结合的角度建立了评价模式。2011 年，教育部印发了《高等学校思想政治理论课建设标准（暂行）》的通知，规范了高校思想政治理论课教学的标准，从某种角度上说，也是对高校思想政治理论课教学模式评价机制的完善与健全。

第三节　当前高校思想政治理论课教学模式存在的问题

从当前各高校思想政治理论课教学模式运行来看，绝大部分高校都按照中宣部和教育部的人才培养要求，根据各自学校思想政治理论课教学的现实情况，创建了一定的教学模式。但是由于高校思想政治理论课教学模式的运行是一项复杂的事情，涉及课堂教学、实践教学与网络教学，需要细致规范的组织与实施，部分高校在具体组织和实施上由于受经费短缺、保障机制不完善等因素的制约，缺乏规范的实施措施，随意性较大，导致创建的教学模式在实际操作过程中只是走过场，流于形式，还存在许多问题。

一、整体上效果不太理想，存在同质化、固化的现象

通过调查发现，在关于高校思想政治理论课教学模式整体评价上，师生之间存在着显著的不同。其中，大多数学生对当前高校思想政治理论课教学模式的运行不是很满意，选择“满意”及以上的仅占三成左右，“不满意”及“非常不满意”的超过四成（图 2-3）。反之，教师对当前高校思想政治理论课教学模式运行的满意度相对学生来说都要稍高一些，其中“一般”以上的占近七成，“不满意”及“非常不满意”的只占 24%（图 2-4）。两者存在差别的主要原因在于高校思想政治理论课教学中二者的角色以及理念上存在差别，教师的权威始终处于

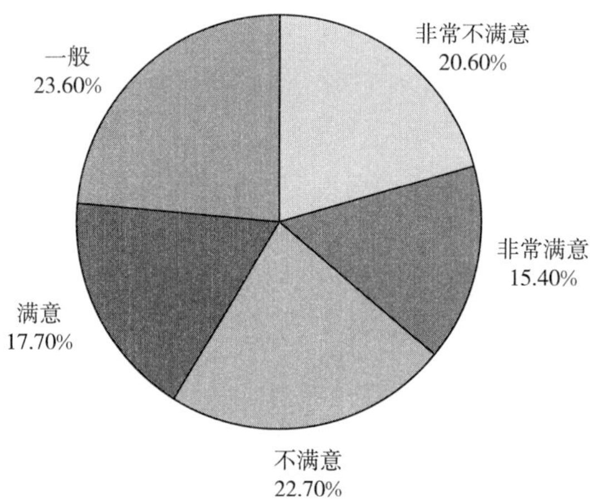

图 2-3 学生对当前高校思想政治理论课教学模式运行效果的整体印象

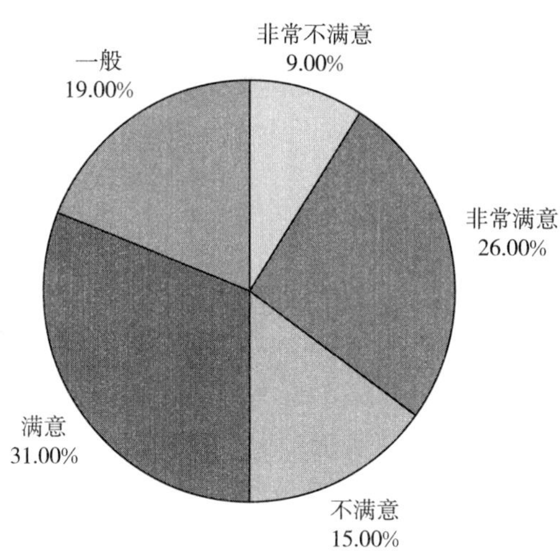

图 2-4 教师对当前高校思想政治理论课教学模式运行效果的整体印象

主导地位，而学生的需求却经常被漠视，所以他们在对高校思想政治理论课教学模式运行的效果认识上也会存在差异，但是这也从另一方面说明当前高校思想政治理论课教学模式还不能满足学生的需求，效果不佳。而且，在针对高校思想政治理论课教学模式改革的必要性的回答中，有37.90%的学生认为“有必要”，32.00%的学生认为“很有必要”，选择这两项的学生高达69.90%（图2-5）；有45%的教师认为“有必要”，33%的教师认为“很有必要”，选择这两项的教师高达78%，而选择“没必要”只有9%（图2-6），可见大部分学生和教师都认为当前高校思想政治理论课教学模式效果不佳，倾向于加强教学模式改革。

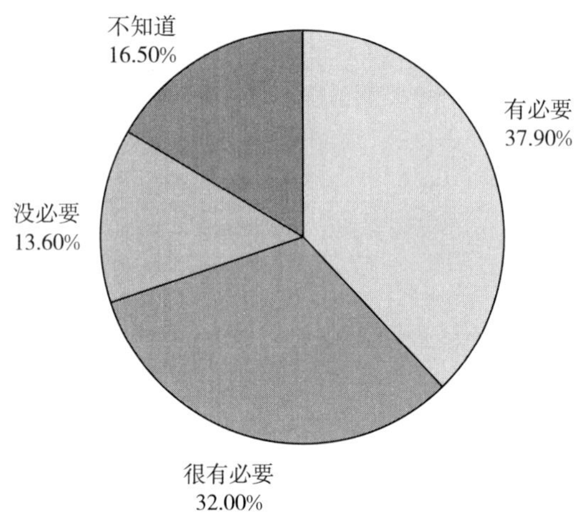

图2-5　学生认为高校思想政治理论课教学模式改革的必要性

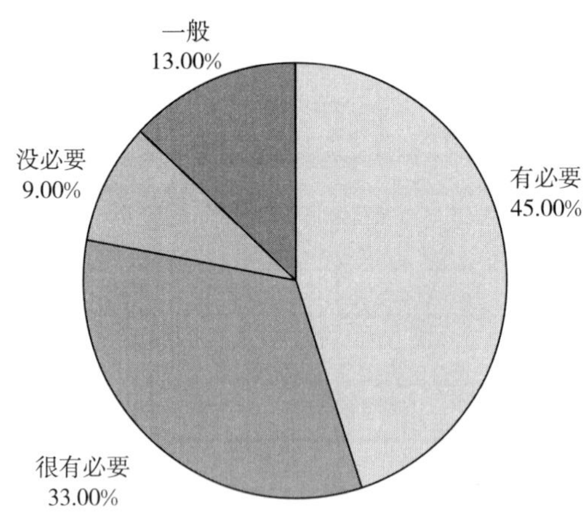

图2-6　教师认为高校思想政治理论课教学模式改革的必要性

另外，当前高校思想政治理论课教学模式运行过程中还存在同质化、固化的现象，缺乏针对性和灵活性。通过调查问卷发现，不同专业的学生对高校思想政治理论课教学模式的满意度都各不相同。从抽样调查看，文史哲类专业学生对当前高校思想政治理论课教学模式的运行效果“满意”以上的只占三成左右，但是“不满意”及“非常不满意”的超过了四成；而理工类专业学生“满意”以上的达到了 45%左右，与文史哲类专业学生“不满意”以下的相差无几，“不满意”和“非常不满意”的只占 27%左右；文艺类专业学生“满意”以上的也是将近占四成，“不满意”和“非常不满意”的也超过了三成。而且随着学生年级的增长，其满意度在不断下降。一年级学生对高校思想政治理论课教学模式运行的效果满意度比较高，达到了 47.2%，不满意的占 27.7%；二年级学生对高校思想政治理论课教学模式运行的效果满意度占 35.3%，不满意的占 34.5%，几乎相差无几；三年级学生对高校思想政治理论课教学模式的满意度更是下降到 28.7%，不满意的却上升到 40.6%。其中主要原因是当前思想政治理论课教学模式缺乏针对性。调查显示，不同专业的学生都认为教师平时在教学中常用的教学模式依次是案例式教学模式、启发式教学模式、讨论式教学模式、专题式教学模式等，这说明当前高校思想政治理论课教学模式的运用还是处于共性教学的模式，固化、同质化现象严重，没有针对不同专业的学生采用差异教学，需运用不同的教学模式。其实，不同专业的学生有着自己的专业特点，比如说文史哲类专业的学生本身对高校思想政治理论课教学的相关内容比较熟悉，而理工类专业的学生可能对高校思想政治理论课的教学内容不是很熟悉，但是如果教师在教学中采用了同一种教学模式，文史哲类专业学生可能就不是很满意。而且，高校思想政治理论课教学涉及四五门课程，但是很多高校或教师在教学中运用的都是同一种教学模式，甚至几年如一日，严重影响了学生学习的积极性和教学的效果。因此，高校思想政治理论课教学模式的运用一定要有针对性，要实行差异化教学，避免同质化与固化。

二、学生主体性发挥不足

抽样调查显示，大部分学生上课不积极，经常无故缺席，出勤率不高，而且出勤的学生中抬头率也不高。其中最主要的原因是当前高校思想政治理论课教学模式虽然逐渐从以教师为中心向以学生为中心转变，但是在目标导向上还是以理论知识灌输为主，忽视了学生的主体地位，对学生的问题意识培养、思想政治素质的培育以及各项能力的培养还是重视不够，因此学生学习的积极性不够。当前，随着知识经济的到来和信息化的发展，我国高校思想政治理论课教学环境发生了急剧的变化，教学的对象变成了“95 后”，学生接受新知识的速度越来越快，思想也越来越活跃，个性化需求也越来越多样性，如对素养、能力提升的需求等。当前高校思想政治理论课教学模式在运行上虽然充分利用了信息化技术，但是由于教师对信息化教学的把握不足以及受传统的师道尊严的影响，“日益增多的知识与传统，几千年来都是教师传给学生的，它产生的严格的、权威的、学院式的纪律”①，导致当前高校思想政治理论课教学仍然是以权威性的师生关系为基础，教师在教学中拥有绝对的知识话语权，而学生仍然处于被动接受知识的地位，对理论知识的灌输仍然没有改变，只不过从以前的口头灌输变成了电教灌输，在教学理念上从根本上来说还是将教师摆在更加突出的位置，将高校思想政治理论课教学等同于灌输、传授马克思主义等理论知识的过程，将教学理解成一个单向灌输的过程，将向学生灌输知识作为教学的最主要目标，也因此采用强制灌输、讲授、任务式等带有强制性的教学方法，照本宣科，灌输的知识只停留在理论的高度，而忽视了对学生素养、能力的培养，这种目标导向“注重思想理论、政治观点和道德规范的知识性占有，而不注重对主体能力的培养，不仅在一定程度上遏制了受教育者思维和创造力的发展，也妨碍了教育者素质和能力的提高。事实上，大道理重复千遍不一定变成受教育者的素质，相反，这种脱离受教育者品德发展水平的说教反而会引起学生的反感。”② 而且由于当前大多数高校还是大班授课，“忽视了个别教育，忽视了学生的内在需要和自我教育，使主客体间很难产生统一的情感体验，加上教学内容没有将适应社会发展需要的新的社会实践内容及时体现在课堂教学之中，不能满足学生的道德需求欲，因此教学效果并不理想。”③

三、教学方法相对陈旧

随着现代科学技术的发展，社会上出现了很多新鲜事物，高校思想政治理论课教学模式的变革也应该和社会发展接轨，在教学过程中可以使用一些高科技元素来丰富当前的教学手段和教学方法。但是一些“老”教师的观念还是比较滞后，对新出现的一些高科技缺乏必要的对接，而且一些高校在教学硬件的投入上动力不足，所以很多教师在教学过程中还是以粉笔、黑板为主，辅以教材、挂图、录音等，虽然多媒体教学也在使用中，但是很多都只是一个摆设，如笔者在东北农业大学农村区域发展专业 2014 级某班听课时就发现，一位教师上课时虽然将多媒体设备打开了，但是屏幕上一片空白，没有任何内容，在教学中从头至尾就根据教材对学生进行灌输，学生也各自忙着自己的事情。可以说，当前很多高校许多思想政治理论课教师在教学中还是以灌输式教学为主，甚少使用多媒体教学、电化教学等，即使使用了网络媒体辅助教学，也是“电教灌输”，忽视了学生的参与意识，可以说当前高校思想政治理论课教学模式中“从教的方面研究教学过程的规律与方法则比较多，而从学的方面研究学习过程的规律与方法则比

---

① 联合国教科文组织国际教育发展委员会．学会生存——教育世界的今天与明天．上海：华东师范大学比较教育研究所，译．北京：教育科学出版社，1996：29.

② 郑永廷，张彦．德育发展研究．北京：人民出版社，2006：249.

③ 黄秀琼．“毛泽东思想和中国特色社会主义理论体系概论”课课堂教学的生活化途径．毛泽东思想研究，2009（6）.

较少”①，从某种意义上说，当前高校思想政治理论课教学模式实际上是一种“教的模式”，而“教学”还包括“学的模式”，是教与学相统一的活动过程，尤其是教学方法在高校思想政治理论课教学模式中起着连接教与学的作用。抽样调查显示，高达44.30%的学生认为当前高校思想政治理论课教学模式的教学方式一般，认为丰富多样的仅占6.60%（图2-7）。

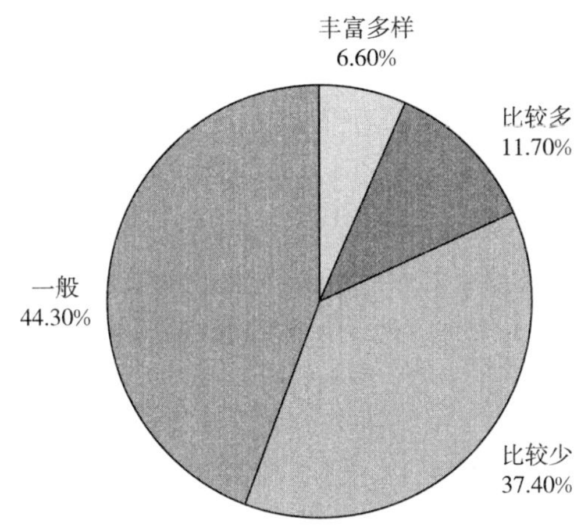

图2-7 学生对当前思想政治理论课教学方法的认识

四、教学评价不尽如人意

建立健全科学的教学评价机制是保障高校思想政治理论课教学模式运行实效性，提高教学质量和效果的重要手段。传统的思想政治理论课教学模式评价主要是采取结果性评价的方法，重视学生对知识的接受程度，而对学生的思想政治素质和能力的评价却忽视了。这种单纯的结果性评价，导致思想政治理论课教学的目标与能力培养和素质养成目标完全脱节。而且，这种结果性评价模式表面上看评价标准很规范，主观随意性小，能够保证学生成绩的公平性，而且容易量化和操作，但是实际上，这种评价考核模式只是反映了学生的记忆力的强弱及应试能力，却不能很好地反映学生分析问题的能力和素质能力，不能充分地体现高校思想政治理论课教学的课程宗旨，而且忽视了学生的主体地位。在一项针对“思想政治理论课应该采用什么样的考试形式”的调查显示，有52.10%的学生更愿意接受开卷考试的方式，而仅有9.60%的学生愿意接受闭卷考试的形式，其他的学生中有13.60%的学生希望以口试的方式进行考核，有12.70%的学生愿意接受通过写论文的方式来考试，还有12.00%的学生愿意接受其他的方式比如考试与平时表现相结合等方式（图2-8）。而对于教师教学的评价机制，部分教师认

① 刘克兰．教学论．重庆：西南师范大学出版社，1988：204.

为不合理（图 2－9），因为当前针对教师制定的评价机制，主要是通过学生打分评教的形式进行，虽然制定的标准很详细，但是由于对当前高校思想政治理论课认识上重视度不够，而且针对学生的考核评价机制相对肤浅，以致这种评价机制存在不公允的现象，不能很好地反映教师的评价结果。大部分教师希望改变这种评价方式，采用教评教为主、总结性评价及采用多元评价方式（图 2－10）。作为一名高校思想政治理论课教师，不仅仅是完成教学任务，上好课，让学生在考试时都拿到高分，更主要的是要看学生通过学习在思想道德素质和能力方面的提高程度，而这又是一个长期的过程，不能显性地用一定的数字来量化，所以导致通过学生打分评教这种评价机制来考核评价教师存在不科学的地方，需要进一步完善高校思想政治理论课教师的评价机制，促进教师的积极性与热情，从而提高教学模式改革的效果。

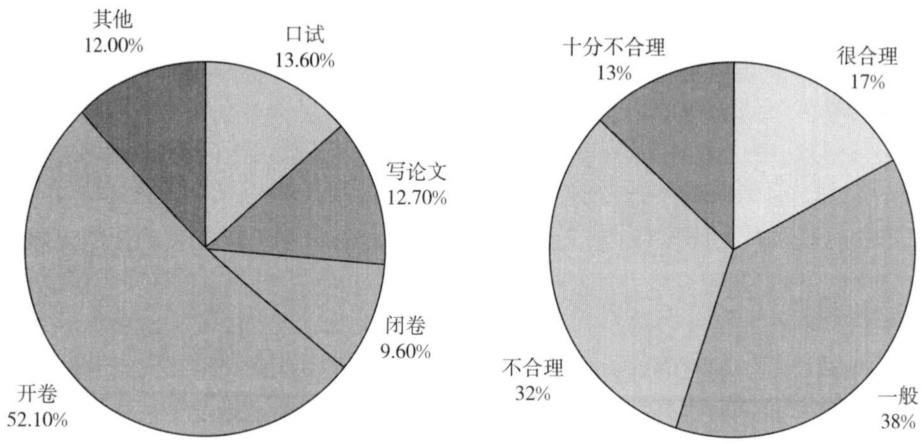

图 2－8　学生希望思想政治理论课采取的考试形式

图 2－9　教师对当前思想政治理论课教学模式运行中教学评价机制的认知

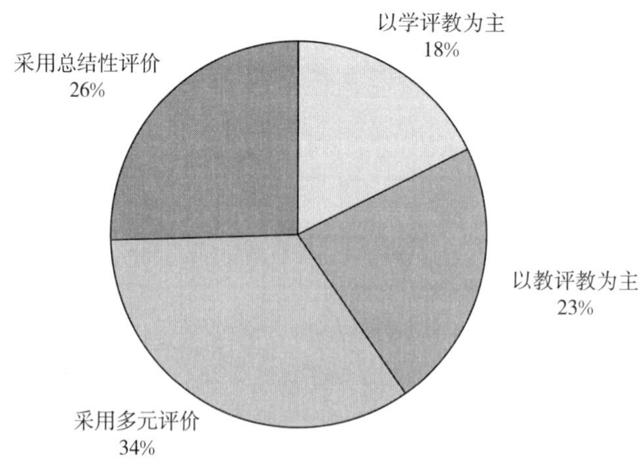

图 2－10　教师认为当前思想政治理论课教学评价应该采用的方式

第四节　影响当前高校思想政治理论课教学模式运行的因素

随着党和国家对高校思想政治理论课教学的重视，高校思想政治理论课教学模式的变革也越来越重要，但是运行过程中存在的诸多问题制约了其顺利运行及其实效性。抽样调查结果显示，大部分教师认为影响高校思想政治理论课教学模式运行的主要因素既有教学导向上的因素，也有教学内容上的因素，既有教学载体的因素，也有教学保障机制的因素，还有教学模式改革理论与实践脱节等因素（图 2-11）。

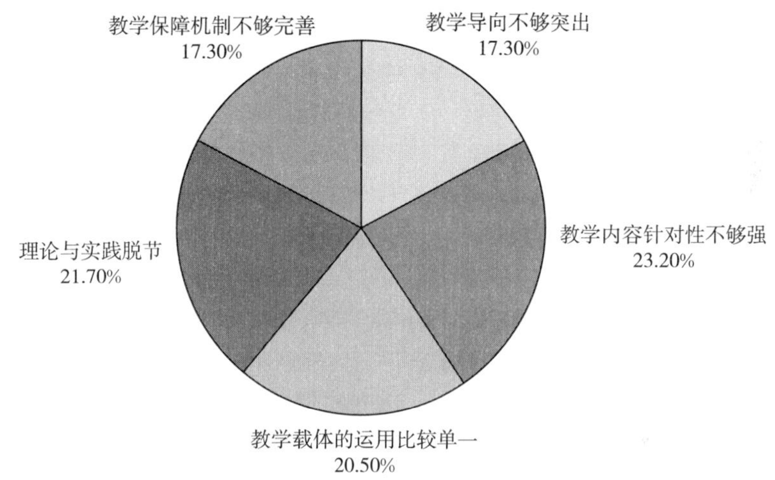

图 2-11　影响思想政治理论课教学模式运行的主要因素

一、教学导向不够突出

高校思想政治理论课教学模式的运行与改革需要明确的教学导向。导向正确，才能更好地掌握思想政治理论课教学过程中的主动权与管理权，才能促进教学的开展，促进教学模式的不断改革。正如习近平总书记在全国高校思想政治工作会议上指出的，高校思想政治工作关系培养什么样的人、如何培养人、为谁培养人这个根本问题，这就要求我们在高校思想政治理论课教学中牢牢把握“培养人”这个导向。长期以来，我国高校教育过分注重对知识的灌输和经验的传授，在人才培养过程中更加突出对专业人才的培养，而忽视了通识人才的培育，尤其是改革开放以来，人们更加注重教育会给自身带来什么，而对教育的本质却很少关注，在教育过程中一味地强调实用主义，弱化了高校的育人本质。而对新的教育理念和思想接受度又不高，这种对教育本质认识的异化导致高校思想政治理论课教学导向不够突出，以致高校思想政治理论课教学模式的改革出现阻滞。

二、教学内容针对性不够强

高校思想政治理论课教学模式的运行最关键的是对教学内容的把握，教学内容的不断深化和与时俱进是提高高校思想政治理论课教学实效性的关键。但是当前高校思想政治理论课的教学内容不够深化，这主要体现在内容重复和针对性不足等方面，严重影响了高校思想政治理论课教学模式改革的实效性。一方面高校思想政治理论课和中学思想政治理论课之间存在教学内容简单重复、课程结构整体性和层次性不强等问题，缺乏有效的设计规划，导致高校思想政治理论课教学难以取得实效性。另一方面，高校思想政治理论课不同课程之间也存在内容重复、交叉的问题，如“毛泽东思想和中国特色社会主义理论体系概论”中“新民主主义革命理论”与“中国近现代史纲要”中“中国革命的新道路”的教学内容存在着明显的重复，甚至有人统计两门课程的教学内容有1/6重复，这样就容易造成教学过程中一些知识点上的混乱，也会降低学生学习的兴趣，从而导致教学实效性不足。

三、教学载体的运用比较单一

在高校思想政治理论课教学模式运行过程中，课堂理论教学仍然是高校思想政治理论课教学的主阵地和主渠道，但是随着社会的发展和信息化的发展，社会实践教学和网络教学也是开展高校思想政治理论课教学的载体与途径。但是当前高校思想政治理论课教学模式存在重理论、轻实践的思想。从抽样调查来看，在平时思想政治理论课教学中采用实践教学的教师仍然不多，其中有30%的教师很少使用实践教学（图2-12）。这一现象的存在一方面是由于受到社会实践教学缺乏物质条件和经费保障等因素的影响，但是大多数高校思想政治理论课教师认为课堂理论教学相对容易调控、组织与管理，而社会实践教学需要花费

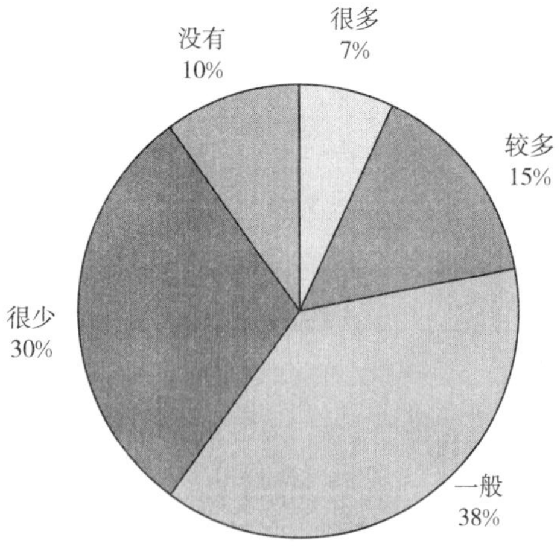

图2-12　平时在高校思想政治理论课教学中采用实践教学的程度

大量的时间和精力准备，更重要的是难以调控、组织与管理，所以就轻视了社会实践教学。也正因如此，导致大部分学生对思想政治理论课不太感兴趣。另一方面，随着现代科技信息化的发展，大学生生活和学习的重要阵地就是网络，但是他们主动接受网络思想政治教育的积极性并不像他们上网那样积极，这也就是说网络教学阵地在高校思想政治理论课教学模式运行中还有很大的利用空间，高校思想政治理论课教学也应该充分利用这些新的科技，使网络教学成为高校思想政治理论课教学的重要载体。

四、理论与实践脱节

当前高校思想政治理论课教学模式改革效果不佳还因为存在理论与实践脱节的问题。高校思想政治理论课教学模式改革理论与实践脱节主要体现为教学改革理念与实践脱节、教学内容与实践脱节。一方面，在高校思想政治理论课教学模式改革过程中，教师在理论上都逐渐意识到以学生为本和注重实践教学、网络教学，提出了专题式教学模式、参与式教学模式、情景式教学模式等，但是在实际教学过程中，由于教学模式改革是一项复杂的事情，涉及课堂教学、实践教学与网络教学，这需要细致规范的组织与实施，受经费短缺、保障机制不完善等因素的制约，缺乏规范的实施措施，随意性较大，导致教学模式改革在实际操作过程中流于形式，难以开展。另一方面，高校思想政治理论课教学模式改革过程中理论与实践脱节表现在教学内容与社会发展相脱节，教学内容不能及时地反映、解决社会发展过程中大学生价值观念和思想意识的变化，缺乏时代性。而且，受传统教育思想的影响，在教学模式改革过程中理论教育与大学生的思想教育脱节。高校思想政治理论课教学不仅仅要向学生教授马克思主义理论知识和中国特色社会主义理论，也应注重对大学生进行思想道德教育，具有知识教育与信仰教育的二重属性，但是在教学模式改革过程中，往往只注重知识教育，而忽视了对大学生进行思想道德教育，以致“关乎人的良善生活的理想教育、信仰教育以及真正的品德教育不断消失”①，导致教材体系向教学体系、教学体系向知识体系、知识体系向行为体系的转变无法实现。

五、保障机制不够完善

高校思想政治理论课教学模式改革需要科学健全的保障机制，虽然“05 方案”实施以来，这种情况有了很大的改变，但与其他学科相比，高校思想政治理论课教学模式改革的保障机制还是有待完善。根据调查显示，大部分教师都认为当前高校思想政治理论课教学模式改革中的保障机制“一般”“不足”，只有大概

---

① 翟楠．追求道德“至善”，还是退守道德底线？——对当代道德教育的反思．华东师范大学学报：教育科学版，2010（1）．

一成的教师认为保障机制“很完善”（图 2－13）。

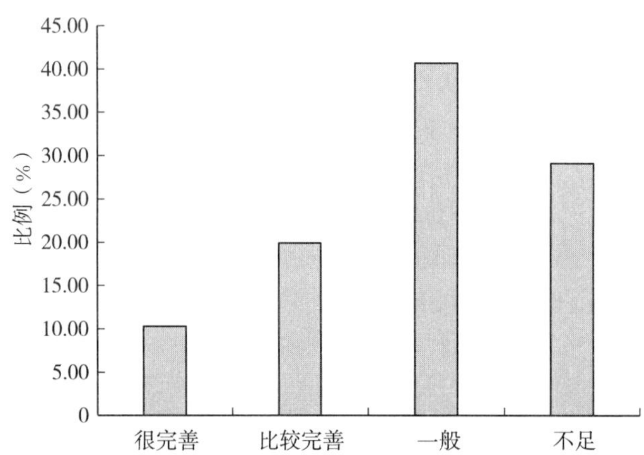

图 2－13　教师对当前思想政治理论课教学模式运行中的教学保障机制的评价

第一，很多高校还没有思想政治理论课教学的组织领导机构，没有形成党、政、团、教、学等各方面力量凝聚起来的齐抓共管机制，而且责任分工不明确，在机构建制上存在混乱。目前，全国高校思想政治理论课教学单位的建制存在着多种模式，主要有：①单独的学院或教研部，只负责思想政治理论课教学。②单独的学院或教研室，既负责思想政治理论课的教学又兼办社会保障、政治学等相关专业。③归属于某个学院，专门负责思想政治理论课教学。④归属于不同学院，思想政治理论课几门课程分属不同的专业院所[①]。而且，高校思想政治理论课程教学科研机构也是各有不同，如马克思主义学院、思想政治教育学院、社科部、马列教研室、思政部等，在隶属上也各不相同，如有的隶属于政法学院、公共管理学院，有的隶属于文法学院、历史与政治学院、人文学院等。这种混乱的建制和归属的不同，导致在职责分工方面不是很清晰，使高校思想政治理论课教学模式改革得不到有效的保障。

第二，一些高校思想政治理论课教学的管理制度不是很完善。高校思想政治理论课教学模式的顺利进行，需要教务管理部门对思想政治理论课教学的课时、学分、成绩评定标准、工作量计算及相应的津贴、评价等有明确的规定，制定相应的制度。虽然有的高校制定了一些相关的教学管理制度，但是这些制度仅仅停留在文件上，却没有得到很好的运行，管理上的缺失和不规范，导致教学模式改革的效果不佳。管理制度的缺失主要体现在教学组织管理方面。传统的思想政治理论课教学因为大多是“满堂灌”，所以教学过程呈现出封闭性、单向性。一方面在教学前缺乏根据教学内容制定科学合理的教学目标、教学大纲、教学形式、教学时间等，教学安排不合理，导致教师在教学中随意发挥，效果不佳。调查显

① 韩喜平．提高思想政治理论课教学实效是一项系统工程．思想理论教育导刊，2010（8）．

示，有 37.80％的学生认为当前高校思想政治理论课教学安排需要改进，还有 36.10％的学生认为当前高校思想政治理论课教学安排比较单调（图 2－14）。另一方面，在教学中，教师为了完成教学任务和教学内容，与学生缺乏互动，对学生的课堂表现缺乏管理。抽样调查显示，虽然现在很多学校都要求教师上课点名，但大部分教师对于学生有没有缺席并不是很清楚，这从另一个方面也说明当前高校思想政治理论课教学模式运行中教学组织并不规范，毕竟现在大多是大班上课，一个班 100 人左右甚至 100 多人，点名会浪费很多时间。对学生在课堂上的表现，大部分教师表示都不清楚学生在课堂上的状态，或者知道装作不知道，这说明教师对课堂教学管理不重视，但更说明当前高校对思想政治理论课教学的管理制度不健全。

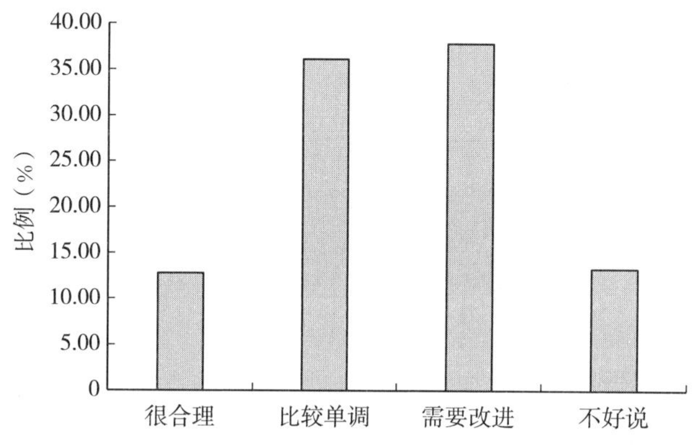

图 2－14　学生对当前高校思想政治理论课教学安排的评价

第三，教师队伍建设存在问题。目前我国高校思想政治理论课教师队伍建设与以前相比确实有了很大的进步，但是仍然存在骨干教师尤其是学科带头人比较少，年轻教师较多，教学经验不足的情况。在经费保障上，由于受传统教育思想的影响，一些高校把更多的经费投入到了其他专业学科的建设，对思想政治理论课教学投入的经费有限，影响了高校思想政治理论课教学模式改革的效果。

第三章　高校思想政治理论课教学模式改革的指导思想和基本原则

当前，各高校都在加强思想政治理论课教学改革，而加强高校思想政治理论课教学模式改革是推进高校思想政治理论课教学改革的重要抓手，是提升其教学实效性和质量的有效手段。但是改革也需要有一定的思想作为指导，需要有一定的基本原则，否则改革创新就会迷失方向、毫无目标，甚至失去意义。

第一节　高校思想政治理论课教学模式改革的指导思想

一、坚持党的领导

高校思想政治理论课承担着对大学生进行系统的马克思主义理论教育和开展党的基本理论、基本路线、基本纲领和基本经验教育的任务，是培养中国特色社会主义事业合格建设者和可靠接班人的主渠道。正如习近平总书记在第二十三次全国高等学校党的建设工作会议上强调："高校肩负着学习研究宣传马克思主义、培养中国特色社会主义事业建设者和接班人的重大任务。加强党对高校的领导，加强和改进高校党的建设，是办好中国特色社会主义大学的根本保证。……加强和改进思想政治工作，切实把党要管党、从严治党落到实处。"[①] 因此在高校思想政治理论课教学模式改革中要以坚持党的领导为指导思想，这关系到高校思想政治理论课教学模式改革的政治方向。

改革开放以来，随着全球化、市场化、网络化等的不断发展，高校也面临着各种冲击与挑战，尤其是在思想领域。高校思想政治理论课作为高校思想政治教育的主阵地，理应承担起应对各种错误思潮的重大使命，而高校思想政治理论课是以马克思主义和马克思主义中国化最新理论成果为指导的，我国高校是党委领导的，为此在高校思想政治理论课教学模式改革中要坚持党的领导，站稳政治立场，明确政治方向。中共中央、国务院印发的《关于进一步加强和改进大学生思想政治教育

① 习近平．坚持立德树人思想引领加强改进高校党建工作．人民日报，2014－12－30（1）．

的意见》中明确指出，加强和改进大学生思想政治教育要发挥党的政治优势和组织优势，加强党的领导，形成强大的合力。中宣部、教育部印发的《关于进一步加强和改进高等学校思想政治理论课的意见》也明确指出要切实加强和改进党对高校思想政治理论课的领导，高校党委要切实负起政治责任，为高校思想政治理论课的建设和发展提供良好的环境与条件。在全国高校思想政治理论工作会议上，习近平总书记进一步指出："党委要保证高校正确办学方向，掌握高校思想政治工作主导权，保证高校始终成为培养社会主义事业建设者和接班人的坚强阵地。各级党委要把高校思想政治工作摆在重要位置，加强领导和指导，形成党委统一领导、各部门各方面齐抓共管的工作格局。"① 在高校思想政治理论课教学模式改革中要坚持党的领导，首先，要坚持高校党委的主体责任。高校党委要全面领导高校思想政治理论课教学工作，坚持高校意识形态工作第一线，把方向、管大局，着力提供各方面的政策支持，确保教学模式改革的顺利进行，不断提高教学质量与效果，做到守土有责、守土负责、守土尽责。其次，要坚持完善党委领导下的校长负责制。当前各高校实行的都是党委领导下的校长负责制，校长要为党委领导提供充分的保障，形成集体领导、党政合作的高校思想政治理论课教学模式改革的格局，把思想政治理论课教学质量与效果的提升作为高校党建的重要组成部分，确保各部门互相合作，形成各部门齐抓共管、各负其责的工作机制，共同做好高校思想政治理论课教学及其教学模式改革工作，切实提高教学质量与效果。

二、坚持德育为先

未来中国特色社会主义事业建设需要的人才是全面发展的人才，不仅仅需要知识丰富的人才，更重要的是他们的综合素质能得到全面发展，包括德育、体育、美育等诸多方面的全面和谐发展，其中德育居于主导地位，关系到整个教育的根本发展。

在庆祝中华人民共和国成立四十周年大会上的讲话中，江泽民指出，"各级各类学校不仅要建立完备的文化知识传授体系，而且要把德育放在首位，确立正确的政治方向"②。在这里，江泽民同志为高校思想政治理论课教学明确了教学任务，就是不仅仅要向学生灌输科学的理论，还要注意提高学生的道德素质。党的十七大报告中指出："要全面贯彻党的教育方针，坚持育人为本、德育为先，实施素质教育，提高教育现代化水平，培养德智体美全面发展的社会主义建设者和接班人，办好人民满意的教育。"③ 这指明了德育在高校教育尤其是素质教育

---

① 习近平．把思想政治教育工作贯穿教育教学全过程 开创我国高等教育事业发展新局面．人民日报，2016-12-09（1）．

② 江泽民．在庆祝中华人民共和国成立四十周年大会上的讲话．北京：人民出版社，1989：21.

③ 胡锦涛．高举中国特色社会主义伟大旗帜，为夺取全面建设小康社会新胜利而奋斗．人民日报，2007-10-24（1）．

方面的地位。党的十八大指出，“全面贯彻党的教育方针，坚持教育为社会主义现代化建设服务、为人民服务，把立德树人作为教育的根本任务，培养德智体美全面发展的社会主义建设者和接班人”①。这进一步指出了教育的根本任务是要立德树人。党的十八届三中全会上指出，“要全面贯彻党的教育方针，坚持立德树人，加强社会主义核心价值体系教育……增强学生社会责任感、创新精神、实践能力”②。在全国高校思想政治工作会议上，习近平总书记再次强调：“要坚持把立德树人作为中心环节，把思想政治工作贯穿教育教学全过程，实现全程育人、全方位育人，努力开创我国高等教育事业发展新局面。”③ 这进一步明确了在未来一段时期，高校思想政治理论课教学的战略重点。高校思想政治理论课培养的人才不仅仅是获得知识和技能，更重要的是要培养学生树立正确的价值观念，促进学生保持健康的心理，健全学生的人格，强化学生的道德规范，培养学生养成良好的生活习惯和保持良好的精神状态，促进学生的全面发展。而这需要不断改变过去传统的教学模式，积极加强高校思想政治理论课教学模式改革，坚持立德树人、以德为先的教育导向，提高教学的针对性和实效性。

三、坚持以学生为本

在传统的高校思想政治理论课教学模式中，强调教学是“传道授业解惑”的过程，因此在教学中一直强调“传”和“授”，“以教师为中心，以课堂为中心，以课本为中心”，将思想政治理论课教学的过程等同于教师传授知识、学生掌握知识的过程，片面地强调教师的主动性，而将学生的学习过程视为单向的被动的接受过程，强调社会需求对学生的要求，一味强调教学的社会价值，忽视了学生的个体价值，学生的主动性被完全忽视，师生之间的互动极度缺乏，导致学生的社会发展能力不足。这种社会本位的思想导致高校思想政治理论课教学的实效性不强。为此，中共中央、国务院在《关于进一步加强和改进大学生思想政治教育的意见》中明确指出，思想政治教育要坚持以人为本。在高校思想政治理论课教学过程中，以人为本就是要以学生为本，以学生为教学中心，积极为大学生的自我教育、自我管理、自我发展创造条件，发挥学生的主动性，不管是教学内容还是教学方法都要由单向的灌输向多维互动转变，尽量以大学生的全面发展为目标，以提高大学生的思想素质为根本。

马克思主义历来十分重视个人的发展，一直以来就把个人的生存需要、发展需要和享受需要作为人的基本的需要，重视人的发展的历史前提和可能性问题。

---

① 胡锦涛．坚定不移沿着中国特色社会主义道路前进　为全面建成小康社会而奋斗．人民日报，2012-11-18（1）．

② 中共中央关于全面深化改革若干重大问题的决定．人民日报，2013-11-16（1）．

③ 习近平．把思想政治教育工作贯穿教育教学全过程　开创我国高等教育事业发展新局面．人民日报，2016-12-09（1）．

而高校思想政治理论课教学就是促进人的发展的历史前提和可能性的主要途径，是促进人的思想道德素质的本质力量，而这对个人素质的发展起着十分重要的作用。在思想政治理论课教学中，学生才是学习的主人，处于主动地位，正如习近平总书记在全国高校思想政治工作会议上强调的，“思想政治工作从根本上说是做人的工作，必须围绕学生、关照学生、服务学生”[①]，因此，一切教学活动都必须以学生为中心，尊重学生的态度、习惯、情感、需要等方面的差异，教师只是学生学习兴趣的激发者、学习方法的指导者、学习交流的组织者，将人性教育贯穿于教学的全过程，调动学生主体性的发挥，培养学生的主人翁意识，引导学生主动探索、积极思考，同时，要关心学生、尊重学生，根据学生的实际情况，发现学生的兴趣点，寻找学生易于接受的教学手段和方法，不断提高教学的针对性和渗透性，实现教学相长，从而也能提高教学的效果和质量。

四、坚持理论联系实际

坚持理论联系实际是不断提高高校思想政治理论课教学实效性的保障，是实现从教材体系向行为体系转变的关键，也是高校思想政治理论课教学模式改革的指导思想。

高校思想政治理论课教学是通过影响大学生的思想而起作用的。人的思想总是在一定的思想、理论的影响下变化发展的，先进的思想、科学的理论一旦没有影响到人的思想，落后的思想、非科学的理论就会对人的思想产生影响，甚至会占据人的头脑。因此，系统地讲授理论，向大学生灌输先进的思想和科学的理论是十分必要的，这有利于提高大学生的认知水平和认识能力，部分地实现教学目标。但是高校思想政治理论课不仅仅是为了向学生传授知识和先进的思想，更重要的是要提高大学生运用理论知识的能力，培养他们的问题意识，提高他们正确处理问题和认识社会的能力，实现从教材体系向行为体系的转变。

在高校思想政治理论课教学模式改革中坚持理论联系实际，一方面在教学内容上要坚持联系理论本身形成、发展的实际。“在历史上出现的一切社会关系和国家关系，一切宗教制度和法律制度，一切理论观点，只有理解了每一个与之相应的时代的物质生活条件，并且从这些物质条件中被引申出来的时候，才能理解。”[②] 因此，在高校思想政治理论课教学中，要使学生理解理论有一个形成发展的过程，使学生有一种真切地回到理论所产生的实际中的感觉，这样理论就不会显得枯燥难懂。另一方面要坚持联系社会发展的实际，包括联系历史和当前的社会实际，重点要联系改革开放以来中国特色社会主义事业发展的实际。在高校

---

① 习近平．把思想政治教育工作贯穿教育教学全过程　开创我国高等教育事业发展新局面．人民日报，2016－12－09（1）．

② 马克思恩格斯选集：第 2 卷．北京：人民出版社，2012：8.

思想政治理论课教学中，要经常用比较分析和历史分析的观点与方法，联系历史，并将视野放在马克思主义理论体系外，放到整个人类的历史长河中，通过比较分析和历史分析来证明马克思主义理论的正确性和科学性，这样才能让学生信服，坚持理论自信。更重要的是联系当前社会发展的实际，这是大学生学习、生活和将来工作的现实社会，大学生会面临许多现实的困惑与难题，高校思想政治理论课教学必须给予现实的、有价值的解答。因此，高校思想政治理论课教学要根据教学内容的要求，用丰富生动的中国特色社会主义实践来回答学生在学习、生活中遇到的困惑与难题，加深学生对基本理论的理解，对学生进行正确的引导，使学生正确认识当前中国特色社会主义事业建设的客观规律。此外，要积极开展社会实践教学，引导学生接触社会，深入社会实际，改变过去那种“两耳不闻窗外事”，躲在象牙塔中读死书、死读书的做法。只有积极引导学生深入社会实际，学生才会正确认识当前的政治、经济形势，正确认识和对待社会中出现的各种情况，坚持“四个自信”。

实践表明，无论是忽视理论教学还是忽视实际教学都是不可取的，二者缺一不可，没有理论的深植，实践就如同无的放矢，而如果空有理论没有社会实际，理论就会毫无生气、教条化、公式化，失去创新的动力。因此，中共中央、国务院《关于进一步加强和改进大学生思想政治教育的意见》中指出要“坚持政治理论教育与社会实践相结合。既重视课堂教育，又注重引导大学生深入社会、了解社会、服务社会”。同时指出，思想政治理论课教学要“联系改革开放和社会主义现代化建设的实际，联系大学生的思想实际，把理论武装与实践育人结合起来，切实改革教学内容，改进教学方法，改善教学手段”。这是我们加强高校思想政治理论课教学模式改革的指导思想。

五、坚持与时俱进

中宣部、教育部印发的《关于进一步加强和改进高等学校思想政治理论课的意见》明确指出，“用马克思列宁主义、毛泽东思想和中国特色社会主义理论体系武装当代大学生，是党的教育方针的体现，是社会主义大学的本质特征，是党和国家事业长远发展的根本保证”。可见高校思想政治理论课课程反映了马克思主义与时俱进的理论品质，适应了时代发展的基本要求。邓小平同志曾说：“我们现在要建设有中国特色的社会主义，时代和任务不同了，要学习的新知识确实很多，这就更要求我们努力针对新的实际，掌握马克思主义基本理论。”[①]

高校思想政治理论课教学模式改革要坚持与时俱进，一方面是因为在“05方案”施行以后，要更好地将发展的马克思主义即马克思主义中国化的最新理论成果贯穿于教学内容之中。发展的马克思主义是建立在马克思主义基本原理同当

① 邓小平文选：第3卷．北京：人民出版社，1993：146－147．

今时代和社会实际结合基础上的理论，是马克思主义科学原理同科学精神有机地结合的理论。“05 方案”所规定的新的课程体系彰显了时代的理论旗帜，凸显了马克思主义的时代发展要求。另一方面，高校思想政治理论课教学要顺应和反映时代发展的趋势，“因事而化、因时而进、因势而新”①。与时俱进不仅要求我们要洞察时代的变化，而且还要深刻地认识历史发展的趋势，要顺时因势而变化。为此，在高校思想政治理论课教学中要紧紧地把握时代的潮流与趋势，充分运用现代信息技术手段，积极加强教学模式改革，反映马克思主义理论的本质要求。只有如此，高校思想政治理论课教学才能进一步体现科学性，才能更具有针对性和实效性。

第二节　高校思想政治理论课教学模式改革的基本原则

高校思想政治理论课教学模式改革要顺利有效地实施与运行，必须在整个模式创新与运行过程中遵循一定的基本原则，因为原则是观察问题和处理问题的准绳。

一、整体性

高校思想政治理论课教学模式改革涉及方方面面，不仅仅包括教学的主体，还涉及其他的部门，而且还包括各个环节。一方面，高校思想政治理论课教学模式改革的主体是教师和学生，在改革过程中不仅要考虑到教师的实际，包括教师的能力和水平，还要考虑到学生的实际。每个学生不仅年级、专业不同，而且他们的家庭情况、身体状况、知识水平、思想觉悟、心理状况、道德素质等也都不尽相同，如果在教学模式改革中没有考虑到这些差异或者没有看到这些差异，构建的教学模式在实际运行中也不可能收到好的效果。另一方面，高校思想政治理论课教学模式改革涉及多个环节，从教学目标的规划到教学大纲的制定，从教学内容的确定到教学方法的选取，从教学过程的组织管理到教学评价的实施，是一项系统工程，哪一个环节出现问题都会导致教学前功尽弃，因此，在教学模式改革中要坚持整体性，从全盘考虑到每个环节实施运行的方方面面，而且要从整体上把握，灵活运用。此外，高校思想政治理论课教学模式改革不能单纯依靠思想政治理论课教学部门或者单个教师来独立完成，还需要与其他部门和其他教师互相配合，形成强大的合力。而且，高校思想政治理论课每门课程从学科知识体系

① 习近平．把思想政治教育工作贯穿教育教学全过程　开创我国高等教育事业发展新局面．人民日报，2016－12－09（1）．

上看都是相对完整的、自成一体的教学体系，但是它们都服从于同一教学目标，在教学内容上都有着相同的精神实质和理论内涵，要整合利用各种教学资源，包括学校内和学校外的资源，实现优势互补，便于组织操作，即使没有所需的教学资源，也要根据现有的教学资源，采取灵活多样的方式，在教学方法上可以从整体性出发，采取相同的或者相似的教学模式。

二、针对性

高校思想政治理论课教学模式不是包治百病的灵丹妙药，不可能培养学生的所有能力，也不可能解决思想政治理论课教学中出现的所有问题，但是在教学模式改革中要坚持从实际出发，有的放矢，针对遇到的具体问题进行具体分析。高校思想政治理论课教学具有极强的针对性，一是教学对象的针对性，二是教学内容的针对性，因此，高校思想政治理论课教学模式创新的成功与失败，取决于该教学模式是否具有极强的针对性。一方面，要针对大学生的实际。面对新的时期，高校大学生年龄结构发生了变化，学生大多是“95 后”，而且他们的思想状况也出现了变化。现代大学生生理和心理都已经逐渐成熟，人生观、价值观和世界观逐渐形成，对事物都有自己的独到看法与见解，自我意识比较强烈，但是实际上，他们还没有完全定性，思想和心理容易受到周围环境的影响。而且每个学生都有自己的特殊经历和生活环境，他们的思想状况和认知能力也会有所不同。此外，高校思想政治理论课是全校性的公共课程，因此涉及不同专业不同年级的学生，每个年级每个专业的学生特点不一样，接受程度也不一样。因此，高校思想政治理论课教学模式创新过程中，不能采取“一刀切”，要针对不同群体、不同层次的学生和学生的不同思想状况选择恰当的教学模式，对大学生进行引导和教育。另一方面，要针对不同的教学内容开展教学。与其他课程相比，高校思想政治理论课教学内容与中学的学习内容有许多相似之处，大学生都是从中学过来的，因此，在教学中，要根据教学的不同内容采取不同的方式，如对于学生原有知识结构中已经掌握的内容，可以一带而过；对于学生容易理解和掌握的内容，可以加快教学进度；对于学生难以理解或者比较新的内容，可以适当放慢教学进度。同时，在教学过程中，要根据教学内容，紧扣时代主题和当前国内外的现实热点及发生的变化，把握学生关心的热点、难点问题，将反映时代特点和要求的内容充实到思想政治理论课教学中，有针对性地引导学生运用所学的知识进行分析解释，增加教学的现实性，这也是高校思想政治理论课教学的目标。

三、主体间性

主体间性原则不同于主体性原则，主体性原则强调以学生为中心，或者强调以教师为中心，把学生或者教师作为高校思想政治理论课教学活动的唯一主体。但是，实际上正如前文所述，当前高校思想政治理论课教学存在主体缺失的现象，也即存在主体不在场，导致教学效果不佳。教师和学生都是高校思想政治理论课教学的主体，二者从人格上来说都处于平等的地位，需要互相尊重。但是，大学生都是有民主意识的公民，只有受到尊重，才能更主动地参与到学习中。主体间性原则强调教师与学生之间的相互尊重，给予了学生参与教学、充分展示自己的机会，促进了他们人格的健康发展。实践证明，教学只有在民主和谐的氛围中进行，才能取得更好的效果，反之，就会抑制学生的个性，他们的主动性和积极性就会受到限制，学生各方面的综合能力也就不能得到完全自由的发展，教学的效果和质量就会大打折扣。通过研究表明，在教师与学生显示出民主参与式的关系下，教学活动更具有效率和更容易充分发挥主体的主动性，在这种教学氛围下，学生可以无拘无束地展现自己的能力，表达自己的思想与情感，更能够积极地主动地参与到学习与教学过程中，他们的创新思维能力和探索精神更容易得到发展，有利于学生各方面能力的提升，也有利于教师水平和能力的提高，真正实现了教学相长，使教学效果更佳。因此，在思想政治理论课教学模式创新中要坚持主体间性。一方面，要坚持教师与学生双主体的主体性。这就要求改变过去传统的灌输式教学模式中以教师为中心的主体性教育，要肯定大学生在思想政治理论课教学中的主体地位，让大学生真正成为教学的主动参与者，变“要我学”为“我要学”。而作为高校思想政治理论课教学模式的另一个主体——教师，应该把自己定位在与学生平等的地位，支持和引导大学生进行自主学习，把学习的时间和空间更多地留给学生，与大学生共同享有教学中的“权力”，而自己只能是教学活动的组织员、引导员、管理员与监督员。只有如此，才能充分发挥教师与学生的主动性、积极性，提高教学的效果。另一方面，作为教师与学生主体性充分发挥的桥梁与中介——各种教学资源，在高校思想政治理论课教学中不能被当作教学的客体，相反，教师和学生都应该充分发挥主观能动性，积极适应各种教学资源与教学环境，通过它们的充分利用，架起二者之间的桥梁，以实现平等对话、互动，通过彼此之间的互动合作，实现教学目标的完成，促进教师水平与能力的提高，同时促进学生综合能力的发展，实现教学相长，从而达到提高教学实效性的目的。

四、实践性

马克思主义认为，实践是认识的来源，是认识发展的动力，是检验认识真理性的唯一标准，只有在实践中人们才能认识事物的本质与规律。一方面，高校思想政治理论课教学本身就是一种特殊的社会实践活动，不仅仅因为它有着特殊的实践对象——大学生、特殊的实践结果——大学生思想变化和世界观的形成、特殊的实践方式——教师的言传身教，更因为它虽然是一种认识过程，但是本质上不管是教师的教学活动还是大学生的认识活动都是一种社会实践。高校思想政治理论课教学就是二者有机统一的实践活动。只有通过进行社会实践，才能实现知行合一。因此，高校思想政治理论课教学不仅仅通过理论教育来完成教学任务，还应该经常性地开展社会实践，“只有把理论教育与社会实践结合起来，才能充分发挥思想政治理论课在培养学生良好思想道德素质和科学文化素质中的作用，真正实现高校思想政治理论课教学的目的”[①]。为此，中共中央、国务院《关于进一步加强和改进大学生思想政治教育的意见》中强调，“要积极探索和建立社会实践与专业学习的管理体制……使大学生在社会实践中受教育、长才干、做贡献，增强社会责任感”。另一方面，教师的教学活动是以掌握科学理论、熟悉教材内容、了解教学对象等为基本前提的，可以说，在教师整个教学过程中的每一个教学环节都包含着一系列的社会实践活动，这些实践活动作为思想政治理论课教学活动的有机组成部分，都是围绕促进学生思想道德素质的提高这一实践活动而展开服务的，因此，思想政治理论课教师的教学活动是实践活动。所以，要提高高校思想政治理论课教学的针对性和吸引力，在其教学模式改革中就必须坚持实践性。

五、开放性

高校思想政治理论课教学模式一旦形成就具有相对稳定性，但是俗话说：“教无定法”，因此高校思想政治理论课教学模式是一个开放的系统，并不是一成不变的，也就是说，高校思想政治理论课教学模式不是一个封闭的、孤立的系统，而是在一个开放的、动态的生态教学系统里面，随着教学实践的不断发展而不断发展与完善，不断地吸收新的因素，为教学模式的创新和可持续发展提供动力。正如美国心理学家罗杰斯所言：“思想政治教育是灵活的，在概念、信念、知觉和假设中是敞开的。对于其中的模糊性，它是宽容的，是允许它如其存在那样的。它故而具有接收许多矛盾的信息而不拒之于经验之外的可能性。在这一过程中，我们感受精神振奋，更加自由开放，更能接受自己和他人，同时由于我们努力去理解和接受，因此也乐于倾听新思想了。”[②] 一方面，高校思想政治理论课教学模式改革中，教学理念和教学思想必须开放，任何一种教学模式的形成都不是在一种教学思想和教学理念的指导下形成的，必须兼收并蓄、海纳百川，只要对教学模式的顺利运行有益都可以吸收利用。另一方面，教学内容和教学过程必须开放。虽然高校思想政治理论课每门课程都有自己的特点和独特的教学内容，但是他们也有相同的地方，而且每门课程各章节之间都有衔接的地方，因此，在教学内容选择上必须打破传统教材观念的限制，时刻将教学内容与时代要求和社会现实相结合，从学生生活中选择教学素材，坚持生活化，将教学内容放到一个开放的教学环境中，使枯燥乏味的教学内容从单纯的说理转变为多样的体

① 范生姣．高校思想政治理论课教学与实践相结合的哲学思考．贵州社会科学，2008（9）．

② ［美］卡尔·罗杰斯，洪丕熙．走向创造力的理论．外国教育资料，1984（3）．

验交流，让学生能够充分发挥他们自身的开放性思维和创造性思维，实现各方面素质和能力的提升。同时，要促进高校思想政治理论课与其他课程互动、思想政治理论课教学部门与学校其他部门互动、思想政治理论课教学与周边环境互动，促进高校思想政治理论课教学课程建设，适应时代和社会发展的需要，提高教学质量与效果。

第四章　高校思想政治教育立体化教学模式的相关理论

基于对当前高校思想政治教育的背景以及陷入的困境分析，提出从全面发展、整体进步的立体化观念出发，对当前高校思想政治教育模式进行重新审视和定位，多维阐释高校思想政治教育立体化教学模式的内涵，揭示出高校思想政治教育立体化教学模式4个方面的基本特征：教育的整体性和过程的生动性、空间的立体性和内容的真实性、方法的多样性和媒介的多元性、对象的主体性和地位的平等性。同时，运用现代道德教育理论、思想政治教育原理、马克思主义人本理论阐明高校思想政治教育立体化教学模式建构的深层机理。

第一节　高校思想政治教育立体化教学模式的内涵与特征

教学模式是教育思想与教学规律的反映，是将教学目标、教学方法、教学手段、教学组织等融为一体的综合体系。它规定了师生双方在实施教学活动中的程序，是师生双方教与学活动的指南。采用何种教学模式开展教学活动，是关系到教学活动能否有效运行及教学实效性的核心问题。

一、高校思想政治教育立体化教学模式的内涵

任何一种具体的教学模式，宏观上要反映社会发展对教育、对人才培养的基本要求，微观上要反映出学科、课程的基本规律和特点。因此，所谓思想政治理论课立体化教学模式是指根据高校思想政治理论课教学特点、规律和教学目标，坚持以人为本，以学生为主体，集成思想政治教学资源，它是臬课堂理论教学、实验教学、实践教学、网络教学的全方位、多层次和网络化等于一体的综合教学体系。作为一种相对稳定和规范化的教学操作系统，思想政治理论课立体化教学模式主要包括以下几个相互联系的内容。

(一)“立体化”教学思维模式

思想政治理论课立体化教学能否成功实施的关键在于教学思维模式。因此，思想政治理论课教学应是在教学思维模式上根据教学规律、教学目的、教学内容、教学特点确定适应立体化教学要求的教学思维。

首先，要突破传统思想政治理论课单一理论教学的思维模式，即突破单纯知识讲授型的思维定式，树立“立体”型和注重能力培养型的新教学思维模式。在思想政治理论教学活动中，要求教师树立“立体化”的教学观，要善于引导学生积极地开展理论、实验、实践、网络等教学活动，以验证和巩固学习内容和观点，加速对知识理论的内化和外化的过程。尤其是对思想政治理论课教学中的一些社会热点和难点问题的认识和理解更应该通过开展理论、实验、实践、网络等教学活动，以达到统一思想认识的目的。因此，在思想政治理论课教学活动中教师的作用绝不能只满足于传播基本知识、基本理论，而是要在理论、实验、实践、网络教学活动中充分调动学生自主地参与教学活动的积极性，让学生在教学活动中自主地分析、自主地选择吸收，从而提高学生明辨是非的能力和实践能力。

其次，要突破传统课堂理论教学单向灌输式的教学思维模式，构建双向互动式教学思维模式。长期以来，在思想政治理论课教学活动中已形成了一种思维定式，即以教师为主体的单向灌输的思维模式。在教师传统教学思维中，教师习惯于以讲授为主，即我讲你听、我教你学，教师处于主体地位，学生处于客体地位。立体化教学强调的是学生在教师指导下自主地完成学习内容和学习任务。因此，必须形成适应立体化教学要求的双向互动式教学思维模式，即在教学活动中，确定学生在教学活动中的主体地位，增强和激发学生主体性。在教学内容设计上，教师设计要具有激发学生探究和解决问题能力的特点；在方法和途径上，要鼓励学生自主地采取多种不同的方法和途径开展研究性学习活动。

(二)“立体化”教学目的模式

“立体化”教学目的模式在思想政治理论课立体化教学中占据着非常重要的地位，它是整个思想政治理论课教学活动的出发点和落脚点，是制约各教学环节乃至整个教学模式运行的重要因素。由于思想政治理论课程体系是由四门课程构成，每门课程处于不同的层面上，承担着各自不同的教育功能，如《马克思主义基本原理》和《毛泽东思想、邓小平理论和“三个代表”重要思想概论》等课程的教学目的主要是培养大学生马克思主义世界观、人生观和价值观，培养大学生用马克思理论、原理、方法分析问题和解决问题的能力。《思想道德修养与法律基础》课程的教学目的主要是在传授社会主义道德知识和法律基础知识的同时，培养大学生学会学习、学会做事、学会交往和学会做人，从而形成良好的道德品质和法律意识。因此，思想政治理论课教学目的不是单一的，而是复合的，并且是一种较稳定的目的模式。要求通过立体化教学，帮助大学生理解和巩固马克思主义理论、社会道德知识和法律知识；培养大学生系统地理解和运用马克思主义基本理论、基本原理和基本方法分析与解决实际问题的能力；引导大学生形成科学的世界观、人生观、价值观和良好的道德品质及法律意识。这三者之间相互联系，有机结合，共同构成了思想政治理论课教学相对稳定的教学目的模式。

（三）“立体化”教学角色模式

教师和学生是构成教学活动的两个最重要的因素，在教学活动中，教师和学生所扮演的角色直接关系到教学效果的好坏。因此，构建教师和学生的角色模式是思想政治理论课立体化教学模式的重要内容。首先，必须认清教师和学生在立体化教学中扮演何种角色，即在教学活动中教师和学生作为教学活动的双主体，各自的主体性如何发挥，又如何协调双主体之间的关系。因此，要构建出在立体化教学活动中教师指导、辅导、督导的主导性角色和以学生为中心的学生主体性角色模式，倡导在教学中发挥教师指导性、辅导性、督导性的前提下，充分肯定学生在教学中的主体性地位，发挥学生在教学中的独立性、自主性、能动选择性和创造性，鼓励学生在教学中发现问题、解决问题，只有这样，才能真正实现思想政治理论课教学目的。

（四）“立体化”教学中老师授课模式

传统思想政治理论课课堂理论教学授课模式是“结论＋例子＋意义”。其优点在于系统性、逻辑性较强，便于学生记忆，但它是典型的灌输式教学授课方式，难以收到较好的教学效果，应该针对立体化教学规律和特点，根据教学内容、教学时空、参与人数不同而采取灵活多样的授课模式或方法，比如，可以是“教学双方共同设计教学内容、教学方法、教学手段，共同参与实施教学活动，共同评价教学效果”的参与式教学模式；也可以针对一些教学理论性、原理性强的内容，采取“教师先讲授原理，学生运用原理自主学习实践”的授课模式；同时还可以根据教学内容和时空采取“先由学生自主设计学习方案，自主进行实验、实践、网络等学习活动，再由教师评述总结”的实验、实践性教学模式等。总之，思想政治理论课立体化教学模式较传统课堂理论授课模式应更具有灵活性，但无论何种授课模式都应符合教学内容要求，符合教学目的的实现。

（五）“立体化”教学组织模式

传统教学主要的组织模式是单一课堂教学组织模式，其优势在于减少教育成本，节约教育资源，有利于系统地向学生传授基本知识和基本理论，有利于教学组织和管理。由于思想政治理论课立体化教学活动往往是在课堂与课外的时空中进行，是一种开放式的教学活动，在教学组织上的难度相对于课堂教学要大，因此，在教学组织模式上，适合于少人多组的研究性教学组织模式，要充分发挥学生骨干在教学中的作用，倡导在教学活动中学生骨干作主导，学生自主参与、自主管理的研究性教学组织模式。

（六）“立体化”教学考评模式

教学考评是思想政治理论课教学模式的重要组成部分，是教学实施的指挥棒。因此，立体化教学考评模式要打破追求标准答案的静态考评模式，倡导动态的、多层次的考评模式，采取多样的评价方式和手段。注重教学过程的评价，定性评价与定量评价、学生互相评价与老师评价相结合的教学考评模式，既要体现出评价的共性，也要体现出评价的个性。

二、高校思想政治教育立体化教学模式的基本特征

高校立体化思想政治教育，是一个多层次、多因素构成的系统互动过程，是一个整合、立体的运行过程。高校立体化思想政治教育具有其自身的规定性，具有教育的整体性和过程的生动性、空间的立体性和内容的真实性、方法的多样性和媒介的多元性、对象的主体性和地位的平等性等基本特征。

（一）教育的整体性和过程的生动性

系统的最大特点在于整体的功能大于各部分之和，通常系统的整体功能相对于各组成部分的功能是一种质变。高校立体化思想政治教育不是简单的个体之间进行的思想政治教育实践活动，其整体性体现在资源的整体性、思想政治教育方法的整体性、思想政治教育目的的整体性、思想政治教育内容的整体性、思想政治教育过程的整体性等方面。高校立体化思想政治教育是把多种资源作为一个整体对大学生进行教育、引导和培养的思想政治教育活动，形成一种思想政治教育合力。高校思想政治教育立体化教学模式强调把具有思想政治教育功能的多个方面形成一个整体，使它们为了共同的思想政治教育目的互相支持，形成一种前进的合力，如高校内形成的人文环境、多种多样的思想政治教育活动、文化宣传、网络信息的传递、教育基地作用等思想政治教育功能，共同协调作用于大学生的思想政治素质和道德文化素质的形成，从而推进思想政治教育的效能。

高校立体化思想政治教育媒介的运用，使得思想政治教育信息传播更加生动化、形象化、感性化。借助现代化传媒工具、手段对思想政治教育进行广泛传播，使过去平面化思想政治教育由“读”“想”“听”变成了“看”“听”“信”为一体，让学生能真实地“看”到思想政治教育画面，画面中的时间、地点、人物、景色都是客观存在的；“听”到视频中人物间的语言交流；“信”服道德是人成长的需要，以及把良好道德行为作为人生的一种信念。运用现代传媒工具，可以在极短的时间内甚至几乎是同时，把具有道德功能和作用的视频在广大民众间

迅速传递，被大家迅速了解，其传播空间广阔，思想政治教育辐射范围宽广，跨越了年龄、性别等之间的界限。

（二）空间的立体性和内容的真实性

高校立体化思想政治教育具有一个最鲜明的特点就是空间的立体性。空间的立体性可以从多个角度进行考虑。从家庭教育、社会教育、学校教育、网络教育等空间上对人进行多维教育影响。从载体的功能上看，集声音、视频、文字、图片等立体多维地对人进行教育作用。通过建立立体多维的空间，运用多渠道、多角度、全方位地教育影响，使受教育者在不知不觉中发生变化，而且这种教育不受时空限制，可以处处存在，能够有效地覆盖受教育者的学习和生活空间，使教育从单一走向多元，如管理育人、教育育人、服务育人、环境育人等从不同层次、不同维度对受教育者进行立体化教育影响。高校立体化思想政治教育内容具有鲜明的真实性和生活化。高校立体化思想政治教育能给予学生真实、真切的感受，因为无论是环境育人还是服务育人，都是发生在身边的真人、真事，能让大学生深刻感受到，很大程度上改变大学生观念中思想政治教育就是“假、大、空”理论性知识的思维定式。另外，在选择思想政治教育内容时，更倾向于大学生真实的生活接轨，如果高校立体化思想政治教育内容与大学生身边的生活相差甚远，无法解决大学生生活中存在的问题，就很难激发学生学习的热情，所以要在教育中体现生活气息，增强思想政治教育真实效果。正如中国教育先导陶行知所说“生活即教育”，好的生活就是好的教育，坏的生活就是坏的教育，使学生在生活中，处处感知教育的存在，彰显思想政治教育的真实性和生活化。

（三）方法的多样性和媒介的多元性

立体化思想政治教育方法是思想政治教育工作者面向思想政治教育对象在思想政治教育过程中所采用的方法，是思想政治教育工作者与思想政治教育对象相互作用的媒介和桥梁。立体化思想政治教育其方法或方式具有生动、形象、真实的特点，它既不是教育者一方的活动方法，也不是以教育为主的活动方式，而是教育者和受教育者共同活动、相互作用的方法。高校立体化思想政治教育方法的采用具有多样性的特点，如理论讲授法、案例教学法、情景教学法、现场教学法、模拟教学法、体验教学法等都是立体化教育的方法，而且把教育者的榜样示范法和实践教育法相结合、环境教育法和隐性教育法相结合等共同协同对大学生进行思想政治教育影响，更能增强大学生思想政治教育的效果，如教育者的榜样示范法是最有效让学生感知的方法，学生在校期间与教育者接触最多，教育者的道德行为是最具有说服力的。实践思想政治教育方法，就是在社会实践和社会环境中，通过社会活动达到教化的目的和作用，使大学生感受到道德品质的需要不仅是社会发展的需要，更是人客观发展的需求，而隐性思想政治教育是大学生在无意中所感知、所感触的教育方法，因为隐性思想政治教育是发生在大学生身边的真人、真事，所以更能激起大学生内心的共鸣。

随着现代化科技成果大量地被引入思想政治教育活动中，立体化思想政治教育的媒介选择越来越趋向于现代化、多元化。传统思想政治教育课堂媒介主要是“一黑板、一粉笔、一本书、一张嘴”，其他课外思想政治教育媒介主要是报纸、杂志、广播等相对平面的思想政治教育传播工具。在信息化时代的今天，电视、网络、短信通信等现代传媒资讯方法已经深刻地介入和影响着大学生的生活，改变大学生的生活方式，对大学生的思想道德品质的形成产生着深刻的影响。高校思想政治教育在继续利用传统常规媒介前提下，又增添了现代化的思想政治教育媒介，即电视、网络、手机短信、飞信、微博等现代化的传播媒介，通过现代信息技术所提供的平台，丰富了高校思想政治教育的教育手段，推进了高校立体化思想政治教育实施途径的完善。

（四）对象的主体性和地位的平等性

传统高校思想政治教育模式基本属于以管理者、教育者为主体，忽视受教育者的主体地位，而高校立体化思想政治教育充分肯定了学生的主体性和能动性，以学生全面发展和满足学生的成长需要为思想政治教育目的，以学生为本作为立体化思想政治教育的归宿点。管理者和教育者为学生的全面发展服务，充分发挥学生主体作用，让大学生在社会实践中践行自身的思想政治教育认知，从自发到自主、自觉地接受思想道德教育，进行价值判断和选择，并最终养成良好的思想政治素质和道德素质。高校立体化思想政治教育主客体地位的平等性，是建立一种人人都是思想政治教育主体、个个都具有教育影响，改变仅由教育者单方面灌输的思想政治教育模式，同时也改变了思想政治教育主客体间的不平等、不对等性。由于人与人的平等性，最大限度地调动受教育者的参与意识。另外，由于教育者与受教育者间的平等关系，也避免了教育过程中受教育者的逆反心理，通过受教育者无意识的心灵反应机制来施加影响，受教育者受周围环境、行为和信息的感染、熏陶，会在无排斥心理状态下不知不觉地接受教育信息。由于受教育者在参与实践中发挥了其自身的主观能动性，在行为中检验了自身的教育认知，因此思想政治教育平等性更能促进大学生自主内化、自我教育思想的形成，自觉提高自身的道德素质。

第二节　高校思想政治教育立体化教学模式构建的理论基础

一、现代道德教育理论

高校思想政治教育立体化教学模式构建具体体现在教学观念上，要体现出现代教育新理念和新思想，用新的教育理念和思想指导立体化教学活动，思想是行为的先导，改进思想政治教育，必须首先更新思想政治教育观念。思想政治教育作为一种有目的、有指向的、社会的、文化的活动，更加突出地受到思想观念的支配。过时的、保守的教育体制和方式，往往凭借过时的、保守的思想观念维系而习惯地持续下去，对反映时代特征的教育内容和手段，也会按过时的、保守的思维方式给予裁定和阐释。构建主体性思想政治教育模式，必须以观念更新为先导和动力，以创新精神更新教育观念。

目前，我国正在进行的改革开放是一场深刻的社会变革，它促使人们的生活方式、思维方式、行为方式和思想观念发生了巨大的变化，从而使思想政治教育既面临着发展的机遇也面临着巨大的挑战。新形势下，作为我们党的政治优势和优良传统的思想政治教育，也只有高高扬起创新的旗帜，才能真正增强自身的有效性，开创出生动活泼的新局面。只有解放思想、勇于创新才能克服传统思想政治教育的弊端及其消极影响；如果无视社会的发展变化、学生思想行为的发展变化、学生生活环境的变化，仍坚持守旧的、保守的观念进行思想政治教育，拒绝研究新情况、新问题，就会导致思想政治教育体制的僵化，达不到思想政治教育的目的。当前，构建立体化的思想政治教育模式，应树立新的思想政治教育价值观、任务观。

（一）确立社会价值和个人价值相统一的价值观

过去，由于受传统“社会本位说”的影响，在思想政治教育领域存在着片面的“唯社会价值观”，人为地把社会价值与个人价值对立起来，过分强调社会价值，忽视甚至否定个人价值。在这种思想指导下，思想政治教育目标只强调社会要求，忽视甚至否定个人的内在需要；思想政治教育功能只重视思想政治教育在促进社会发展方面的社会功能，忽视甚至贬低思想政治教育在促进个人发展方面的个体功能，致使思想政治教育难以吸引受教育者的积极参与，因而收效不大。事实上，人是社会发展的手段，更是社会发展的目的。思想政治教育通过培养具有主体性的人来促进社会发展，而社会发展的最终目的也是为了人更好地发展。社会价值与个人价值是辩证统一的，如果割裂二者的关系，片面强调一方面忽视另一方面，其结果是不仅人的主体价值得不到发展，人的社会价值也得不到充分体现。因此，在思想政治教育工作中必须克服片面的“唯社会价值观”，确立社会价值与个人价值相统一的科学价值观，在满足社会发展需要的前提下，充分尊重和兼顾个人的内在需要，促进社会价值与个人价值协调发展。

（二）确立规范灌输和能力培养相结合的任务观

过去，受传统教育思想的影响，思想政治教育的全部任务仅归结为“传道”，即灌输社会规范，视受教育者为社会规范的接收器，而不重视能力和个性的培养。因而，在思想政治教育中简单说教、硬性注入的现象普遍存在。事实上，完整的思想品德系统是一个由心理、思想和行为3个子系统有机结合而成的三维立体结构，具备思想政治品德知识，为人的思想政治品德行为和习惯提供了基础和前提。思想政治教育的最终目的不仅在于为教育对象提供理论的灌输，更重要的在于教育对象能在生活实践中践行思想政治品德行为。因此，培养人的主体意识、主体能力是思想政治教育主题的应有之义。我们必须克服片面的只灌输社会规范的任务观，同时，也要防止忽视甚至否定社会灌输规范的倾向，确立灌输社会规范与培养能力和发展个性相统一的新观念。在改进灌输方法，提高灌输效果的同时，重视社会实践的锻炼，着力培养人的能力和个性，促进人的全面发展。

在教学内容上，要不断根据社会发展出现的新形势、新特点、新要求，更新和充实教学内容，使教学内容贴近时代、贴近社会、贴近教学对象思想实际，坚持与时俱进，由不同层次的内容相互作用，共同构成思想政治教育的内容整体，统一于思想政治教育目标之上。马克思主义基本理论教育是根本内容，它决定着思想政治教育整个内容的根本性质，体现着社会主义事业接班人和建设者的根本素质；政治观、世界观、人生观、价值观和理想信念是核心内容，是社会主义事业接班人的必备素质；爱国主义、道德规范和法律意识是基本内容，是合格的社会主义事业建设者的基本素质。同时，随着社会的发展进步，思想政治教育内容也处于不断地变化发展之中，是稳定性和动态性相结合的有机整体。在新形势下，大学生思想政治教育与大学生的学习、生活和就业问题结合得更加紧密，其内容和目标都与以往相比发生了重大变化。大学生思想政治教育的内容为适应社会形势的变化和发展，逐步扩大其所包含的范围，并不断地更新思想观念，扩充知识体系，使其内涵更为丰富。

思想政治教育内容是指根据一定的社会要求和针对受教育者的思想实际，经教育者选择设计后有目的、有步骤地输送给受教育者的思想意识、价值观念、政治观点和道德规范等信息。要使教育对象符合教育目标的要求，坚定政治信念，端正思想观点，建立道德理念，优化心理品质，形成行为规范，都取决于采用什么样的教育内容。作为思想政治教育“血液”的教育内容，是思想政治教育的重要组成部分，是教育目标的具体化，是教育主体与教育客体互动的一种中介，是确定教育原则和方法的前提，是增强思想政治教育实效性的基本条件。

思想政治教育内容结构是指思想政治教育内容的构成要素及其相互关系。思想政治教育内容包括哪些基本要素，理论界的认识并不完全一致。现在，认为思想政治教育内容包括政治教育、思想教育、道德教育、法纪教育和心理教育的“五要素说”正越来越得到广泛的认同。因此，笔者认为，思想政治教育内容是由政治教育、思想教育、道德教育、法纪教育和心理教育五大要素组成的既相对独立又有机联系的逻辑结构系统。

第一，政治教育是思想政治教育的导向性内容。政治教育是一定阶级和社会依据一定的政治思想和政治规范对受教育者施加影响，以帮助受教育者树立正确的政治方向、政治立场、政治观点、政治信念、政治态度，即实质上培养政治信仰的教育。政治教育的具体内容主要有：党的基本理论、基本路线和基本纲领教育，理想信念教育，爱国主义、社会主义教育，形势与政策教育等。在思想政治教育内容体系中，政治教育始终居于主导地位，是思想政治教育的导向性内容。首先，政治教育具有鲜明的政治性和阶级性，政治教育总是同党的意志紧密相连，传播一定的政治思想和政治主张，从而从根本上发挥引导人们思想和行为的作用。其次，政治教育贯穿思想政治教育的始终，对思想政治教育过程和思想政治教育其他内容起着指导和支配作用。再次，政治教育指引思想政治教育沿着正确的方向发展。马克思主义理论教育对思想政治教育具有总的方向指导作用，理想信念教育是思想政治教育的核心内容。

第二，思想教育是思想政治教育的根本性内容。思想教育是依据一定的哲学思想及其方法论对受教育者施加影响，以帮助受教育者树立正确的世界观、人生观、价值观以及思维方式的教育。思想教育主要包括科学的世界观、人生观、价值观教育，艰苦奋斗精神教育，马克思主义唯物论、无神论和科学精神教育，创新精神教育等。它通过引导人们对人类社会发展规律的认识和理解，使人们形成科学的世界观、人生观、价值观，具有正确的理想信念、科学的思维方式和开拓创新精神，为人们认识世界和改造世界提供根本的思想方法和强大的思想武器，为政治教育、道德教育、法纪教育和心理教育提供价值理念支撑和世界观、方法论基础。其中，世界观、人生观、价值观教育是思想教育最根本的内容。

第三，道德教育是思想政治教育的基础性内容。道德教育是将社会的外在要求内化成人们的道德观念、道德情感和内心信念，再外化为具体的行为，目的是培养人们良好的道德品质和高尚的道德情操。道德教育是依据一定的伦理思想和道德规范，对受教育者施加影响，以帮助受教育者培养良好的道德品质和道德人格的教育。道德教育主要包括社会公德、职业道德、家庭美德教育，中国传统道德教育，社会主义人道主义教育以及生态道德、网络道德教育等。道德教育是思想政治教育的基础。道德教育虽然在性质、方向上受政治教育、思想教育的影响和制约，但良好的道德品质对合格的政治素质、思想素质、法纪素质和心理素质的形成与发展起着引领和提升作用。

第四，法纪教育是思想政治教育的保障性内容。法律、纪律与道德都是调整或制约人们行为的准则和规范，它们在社会功能上相互补充、相互凭借。法纪教育是对受教育者进行社会主义法制和纪律教育，培养他们具有法律观念和遵纪守法的品质，知法、懂法、守法，并且学会用法律武器保护自己的合法权益。法纪教育主要包括社会主义法制教育、纪律教育以及社会主义民主教育等。法纪规范是政治规范和道德规范实施的保障性力量，法纪教育在政治教育和道德教育的实施中起着重要的保障作用。首先，从法律与政治的关系看，政治规范是法律规范的最高层次，法律规范是政治准则的基本保障力量，进行法纪教育是维护政治原则和实现政治理想的重要保障。其次，从法律与道德的关系看，法律是道德的最基本体现，道德是法律的精神基础。只有加强法纪教育，才能更好地实现道德教育使其对象从他律向自律转化的功能。再次，社会主义法律、法规中包含着丰富的思想政治教育内容，加强法纪教育可以为这些内容的实施提供制度化保障。

第五，心理教育是思想政治教育的前提性内容。心理教育是对受教育者进行有关心理健康方面的知识性教育、咨询性教育和良好行为训练，以培养受教育者良好的心理素质，提高他们的身心健康水平，促进他们全面和谐地发展。心理教育主要包括青春期教育、心理健康教育、意志品格教育和个性品质教育等。现代思想政治教育是一种涉及人们认知、情感、意志和信念的特殊社会活动，必须以心理教育作为起点和前提。在政治、思想、道德和法纪教育的过程中，人的心理状况始终起着维持、调节和统合的作用。心理教育就是通过对人们良好心理素质的培养，使人们形成健康的心理品质，为思想政治教育其他内容的实施提供赖以依靠的基础和平台。思想政治教育内容是一个由多层次要素构成的系统，这些内容相辅相成，共同构成思想政治教育内容系统主次分明、和谐统一的整体。思想政治教育内容的诸要素在根本上是相互关联的。如前所述，在思想政治教育内容结构中，政治教育是主导，思想教育是根本，道德教育是基础，法纪教育是保障，心理教育是前提。这些内容在思想政治教育内容结构中虽然处于不同的层次和地位，既不可偏废，又不可相互替代，但它们相互依存、相互依托、相互联系、相互渗透，推动着思想政治教育的发展。

在教学方法和手段上，要将现代教育技术运用到思想政治理论课立体化教学各个环节，充分发挥现代教育技术的功能优势，不断地增强立体化教学的吸引力、说服力和影响力；努力使教学方式和方法贴近实际、贴近生活、贴近大学生，符合大学教育教学的规律和大学生学习的特点，不断增强教育教学的针对性、实效性和说服力、感染力。一是要不断拓展有效的教学方法。坚持以人为本在教学方法上的根本要求就是把单向“注入”式教学引向师生双向交流的“互动”式教学，倡导启发式、参与式、研究式等教学方式。针对不同类型、不同阶段大学生的特点以及不同的课程，可采取课堂讲授、课堂讨论、专题讲座、专题演讲、辩论、教学实践等方式。二是要运用现代化教学手段。思想政治理论课必须积极推进多媒体教学，建立教学互动网站，把课堂延伸到网上，使思想政治理论课教学更加灵活、有效和充满吸引力。三是要改革考查考试方法。重点考查学生对教学内容的理解、接受和运用的情况，尤其是以马克思主义为指导分析和解决问题的能力。可采用口试、论文答辩、写读书心得和调研报告等方法。

在教学评价上，要依据立体化教学特点，突出教学过程的评价，弱化结论式评价，注重教学对象参与性、实践性评价，重视全面、定性式评价，弱化片面、定量式评价，强化知识运用能力、判断能力等综合性评价，弱化知识记忆型评价。

所谓教学评价，是依据教学目标对教学过程及结果进行价值判断并为教学决策服务的活动。教学评价是研究教师的教和学生的学的价值的过程。教学评价一般包括对教学过程中教师、学生、教学内容、教学方法和手段、教学环境、教学管理等诸因素的评价，但主要是对学生学习效果的评价和教师教学工作过程的评价。

建立科学完备的思想政治理论课教学评价机制具有极大的意义。按照教育方针，课程计划规定的学校培养目标，教学大纲规定的教学目的、任务、内容，是教学评价的基本依据，它们是通过教师的教和学生的学的具体活动实现的。在评价过程中，把师生的活动分解成若干部分，并制定出评价标准。根据这些标准判定师生的活动是否偏离了正确的教学轨道、偏离了教育方针和教学目标，有无全面完成各科教学大纲规定的目的和任务，从而保证教学始终沿着正确的方向发展。评价具有激励功能，教学评价可以调动教师教学工作的积极性，激起学生学习的内部动因，维持教学过程中师生适度的紧张状态，可以使教师和学生把注意力集中在教学任务的某些重要部分。对于学生来说，教师的表扬、鼓励、学习成绩测验等，可以提高学习的积极性和学习效果。同时，评价能促进学生根据外部获得的经验，学会独立地评价自己的学习结果，即自我评价。自我评价有助于学生成绩的提高。

虽然教与学的相互依赖性是人所共知的，但是教、学及教学评价之间的这种相互依赖性却较少被人认识到。事实上，如果说教学活动是一个信息传递系统，那么教学评价则是这个系统的信息反馈机制。通过评价活动，教师和学生可以获取反馈信息，从而对教与学的活动进行有效的调节，并明确教与学的目的；通过评价活动，教学成果得到不断强化，在客观上产生巨大的激励作用；通过评价活动，教学工作就有了可靠的依据。

高校思想政治理论课教学评价的特殊性决定了思想政治理论课评价要求的特殊性，一般而言，思想政治理论课的发展评价要做到“七个结合”，即思想评价与政治评价相结合、知识评价与价值评价相结合、自我评价与他人评价相结合、现实评价与潜能评价相结合、量化评价与质性评价相结合、显性评价与隐性评价相结合、短期评价与长期评价相结合。

除此以外，以学生学习效果为逻辑起点建构的高校思想政治理论课评价理念或体系还需要坚持 3 个层面的基本要求，即以“学”为中心的“教与学”的统一、以“真理”为依托的“真理与价值”的统一和以“行”为归宿的“知与行”的统一。以“学”为中心的“教与学”的统一强调高校思想政治理论课在“教与学”环节即教育教学过程中的效果评价。相对于其他课程的教学效果评价体系而言，思想政治理论课的教育教学内容有其特殊性，不仅包括国家的大政方针、国际国内形势、社会主义的基础理论，还包括政治观、道德观、价值观和心理观等教育。因此，在思想政治理论课教学评价中，教师的“教”非常重要，其教学内容的规定、设计以及传播，影响制约着学生的知识、观念、态度，也决定了评价体系设计的科学与否。

在课程内容的教与学环节上，要突出学生的“学”，强调以“学”为中心，只有学生主动参与思想交流，在思想的碰撞中自然而然地接受引导，自觉而主动地选择马克思列宁主义、毛泽东思想、邓小平理论和“三个代表”重要思想及科学发展观习近平新时代中国特色社会主义思想，选择爱国主义、集体主义和社会主义，思想政治理论课教学才能真正收到实效。实现以“学”为中心的“教与学”的统一，教师教好了，学生自觉学了，教育教学效果就有了。学生的学习效果受教育教学各种因素影响究竟有多大，只有以“学”为中心和突破口，教学质量监测才能得到可靠结论。以“真理”为依托的“真理与价值”的统一强调对高校思想政治理论课的教育教学内容的评价。通过思想政治理论课的课堂讲学和实践教学，学生首先要掌握马克思主义基本原理、中国特色社会主义基本理论、基本的道德伦理规范、基础的法律知识等真理性知识，这是思想政治理论课程最基本的教学内容，思想政治理论课评价首先要紧扣教育教学内容这一指标的客观规定。对思想政治理论课的教育教学内容的评价还要把握好思想政治理论课的内容特点，即涉及的内容广泛、立足的层面很高、课程的整体性很强等。

当然，掌握思想政治理论课的基本内容不是课程评价的终极目标，只是课程评价的一个基础性指标，一项基础性工作，其更重要的意义在于其作为学生树立科学价值观的依托。学生通过对马克思主义理论及其中国化的学习，通过对历史唯物主义和辩证唯物主义的学习，通过对伦理道德基本规范的学习，树立坚定的共产主义信念，远大的理想，正确的世界观、人生观、价值观、政治观、道德观、心理观等。新型的以学生学习效果为核心的思想政治理论课教育教学评价，最终就是要实现学生所掌握的真理与价值内化的统一，即学生通过受到教育与引导，将课程的科学真理内化为自身的理念、素质与能力。

以“行”为归宿的“知与行”的统一，强调高校思想政治理论课教育教学目标的效果评价。“学以致用”一直是教学的最终归宿，当前包括高等教育在内的所有教育都存在一个共同的问题，即教师完成施教于人就算完成了教学任务，学生学习是为了应付各式各样的考试，却不一定达到了教育教学的最终目标。在这一点上，高校思想政治理论课表现得更为突出。学生并非不听课、不讨论、不考试，但很多学生是被动听、懒散听、麻木听，很多人只是为了拿学分，没有真正用心学、学后用。这也使得在思想政治理论课教育教学评价体系中，监测系统集中在“教与学”环节的效果监测，忽视了“知与行”环节的效果监测。

事实上，思想政治理论课教育教学的最终效果不仅在于学生是否真正掌握了课程的基本知识，是否认同了社会主义核心价值体系，更重要的还在于学生是否学以致用，身体力行，用科学知识来指导自己的言行举止，来判断事物的是非曲直。因此，思想政治理论课的评价体系要以“知”为基础，以“行”为归宿，实现“知与行”的统一。

在教学主体上，倡导教师的主导性和学生的主动性教学观，确立教育者和受教育者辩证统一的“双主体”观。我国在过去较长的时间里，在思想政治教育中主张片面的唯教育者主体观，而忽视受教育者在思想政治教育中的主体性，把受教育者仅视为消极被动地接受教育的客体，导致了思想政治教育中不可避免的命令主义、强制压服和单向注入，严重地挫伤和压抑了受教育者在思想政治教育中的主动性和积极性。这也是思想政治教育在较长时间出现实效不明显的重要原因之一。实际上，受教育者同教育者一样是思想政治教育过程中的主体，思想政治教育过程既是教育者按照社会要求积极组织实施教育的过程，也是受教育者基于自身思想基础和内在需要，通过自己的积极活动，能动地接受教育和进行自我教育的过程。在这里，教育者组织实施教育的主体性与受教育者能动地接受教育和自我教育的主体性是并行不悖、辩证统一的。受教育者主体性的发挥离不开教育者的激发和引导，而教育者的教育也只有通过受教育者的积极活动才能发挥作用。实际上，教育者的主体作用，说到底就是对受教育者主体性的激发、引导和培育作用。因此，我们必须克服片面的唯教育者主体观，同时也要防止片面的唯受教育者主体观，确立教育者的主体性与受教育者的主体性辩证统一的新主体观。在教学全过程中，充分发挥学生在立体化教学中的主体选择性和创造性，使学生在立体化教学活动中全面参与、全面实践，达到自我感悟、自我认识、自我判断和自我澄清，最终使教学内容内化于学生的“心灵”（即思想），外化于学生的“行为”。

首先看学生的主体作用、教师的主导作用及其相互关系。所谓学生的主体作用是指学生在思想政治理论课教学中充分发挥出了各自的主观能动性和学生所特有的学习活力、创造力，在教师的指导下，能积极主动地参与教学，积极主动地自学和完成课外作业，积极主动地以正确的世界观、人生观、价值观指导自己的行动。所谓教师的主导作用，包含有主持、指导、导向等作用的意思。教师作为教育者，在思想政治理论课教学的整个过程中起着主导的作用。思想政治理论课教师的主导作用主要表现为：其一，教师是思想政治理论课教学的主持者、组织者和责任人，负责其主讲课程的全部教学活动的总体规划设计，同时也要做好其中每一次教学活动的具体组织安排，包括教学活动的目的、内容、方法及具体步骤等，都应由教师负责确定。其二，教师是思想政治理论课教学坚持正确方向的导向者，负责保证思想政治理论课教学坚持党性原则，坚持以科学的理论武装人，坚持以正确的思想指导教学内容和方法的不断改革更新，及时纠正思想政治理论课教学中可能出现的种种思想偏差。其三，教师是思想政治理论课教学对象的指导者、引路人，指导学生以正确的态度、科学的方法掌握思想政治理论课教学的内容，按照思想政治理论课教学的目的要求，使学生通过自己的努力，成为社会所需要的德才兼备的现代化人才。

学生主体与教师主导之间是内因与外因的关系。教师的主导作用对学生来说尽管非常重要，但毕竟只是推动学生成长的外部力量，究竟在实际上能起到什么样的作用，其作用的大小如何，最终取决于学生本人主动作用发挥的程度。但是，学生主动作用是否能充分发挥出来，向何处发挥作用，各个学生的作用能否相互协调配合等，又取决于教师是否具有正确的主导意识和科学的主导方法。因此，思想政治理论课教师树立正确的主导意识，掌握科学的主导方法是非常重要的。值得注意的是，不应把教师的主导作用搞成唯有教师正确、教师“一言堂”、教师统管一切、包办一切；教师也不能因为要发挥自身的主导作用而忽视被主导者的积极主动性，从而限制其多样性和个性特征。恰恰相反，只有广泛听取学生意见、集思广益、充分调动学生的积极主动性、发挥其不同特长和个性特点，才能使思想政治理论课教学活动开展得生动活泼、丰富多彩，使教师的主导作用产生出最佳效果。

二、思想政治教育原理

思想政治理论课立体化教学旨在通过思想政治理论课教学活动进一步巩固大学生掌握的理论教学基本知识、基本理论和基本原理，把感性认识上升为理性认识，并提高大学生运用马克思主义理论分析和解决问题的能力。同时思想政治理论课立体化教学既是培养大学生综合素质和能力的重要途径，也是实现大学生思想道德修养“知与行”统一的重要手段。因此，在立体化教学中无论是教学目的和教学内容的选择，还是教学手段和方法的运用，大学生始终处于主体地位。

思想政治教育的价值和归宿就是以人为本。思想政治教育的对象是人，它是教育人、说服人、塑造人的工作，它是建构在“人”的基础上的社会实践活动，它肩负着关注人的自身发展、解读人的存在意义、建构人的精神家园、促进人的全面发展的历史使命；人的价值问题既是思想政治教育价值的逻辑起点，也是思想政治教育价值的最终落脚点。因此，只有坚持以人为本，思想政治教育才能卓有成效，才能产生亲和力和影响力，取得实效性。

以学生为本，创新思想政治理论课教学最关键的是思想政治理论课教师要热爱和尊重学生。我们的教育实践一再证明，爱一个学生就等于培养一个学生，所以当教师必不可少甚至几乎是最主要的品质，就是要热爱和尊重学生。真正的教育存在于人与人心灵距离最短的时刻，存在于无言的感动之中。正如教育家苏霍姆林斯基所说的那样，学校里的学习并不意味着机械地把知识从一个头脑移到另一个头脑，而是师生之间每时每刻都在进行心灵接触。要抓住学生的心灵，思想政治理论课教师必须要对自己所讲授的内容真信、真懂、真用，做到为人师表，热爱和尊重学生，以人格教育人格，以性情培养性情，以心灵感动心灵。这是实施以学生为本的思想政治教育教学创新的核心和精髓。

当代大学生都出生在改革开放以后的年代里，他们的成长伴随着中国经济社会的巨大发展，承受着社会发展变革带来的巨大冲击。特别是处于经济全球化、政治多极化、信息网络化、文化多元化这一时代大背景下的当代中国，经济体制深刻变革，社会结构深刻变动，利益格局深刻调整，思想观念深刻变化。与之相伴，利益多元化、思想多样化，各种社会思潮涌动，各种文化相互碰撞、激荡、交融，原有的价值理念和道德标准受到了严峻挑战。人们的思想观念、价值取向、社会交往、生活方式都发生了深刻的变化，纷繁复杂的社会现象和问题会使大学生产生许多新的认识问题和思想困惑。比如“三农”和城乡差别的问题、教育公平、社会收入分配差距、大学毕业生就业等问题。面对复杂多变的社会问题，部分大学生感到疑惑、困扰和茫然。

因此，思想政治理论课教学如何以更加贴近大学生的精神成长需要，更好地展示理论的现实力量，将改革开放和科学发展的理论内涵、思想魅力和实践展开引入教学过程中，以更加客观地传递事实逻辑的方式和内涵进行思想政治理论课教学，即如何把思想政治理论课的课堂伸向蓬勃开展的经济社会实践，加强当代大学生与广阔社会天地之间的联系，不断创新讲述方式和价值传递方式，而不是枯燥无味地照本宣科，这是思想政治理论课教学方法创新的迫切要求和重要环节。

始终坚持“以学生为本”的教学理念是教育发展的本质要求。在这日新月异的时代里，对于走在时代前沿的当代大学生来说，他们对事物会有不同的认识和看法。由于大学生的情绪易受环境因素的影响，他们存在盲从、自卑、傲气和依赖心理，因此，思想政治教育工作常出现诸多障碍。如果思想政治教育工作依然采用传统的单向传授法，而忽视师生间情感互动交流的教育方法，则明显不利于当代大学生的心理健康发展。所以说，坚持“以学生为本”是思想政治教育能否顺利发展的前提和基础，应把大学生的核心作用和个性差异两者相互结合起来，全面提高大学生的综合素质。大学生思想政治教育方法创新工作，应坚持以学生为主体，不仅需要依赖心灵沟通法，还需要逐步引导大学生进行自我教育和自我管理，运用自我督促法，提高大学生的学习主动性和创造性，将教育理念和教育实践经验贯穿于思想政治教育方法创新工作的始终，实现大学生自我教育，全面提高大学生综合能力素质，使思想政治教育方法创新工作得到改善和提高。

三、马克思主义人本理论

思想政治理论课立体化教学模式基本架构按照教学内容、方式和教学场所的不同，可以分为课堂理论教学、实验教学、实践教学和网络教学。其中课堂理论教学主要任务是对大学生进行系统地马克思主义基本知识、理论、原理和思想品德基本知识、规范等教育，使大学生掌握马克思主义基本观点和基本方法。理论教学侧重于知识性、理论性、系统性和逻辑性。

学校的思想政治理论课教学是大学生意识形态教育的主渠道，对大学生的发展起到重要的指导作用。理论课程对于学生来说是知识的传授、信念的确立和行动的先导。而理论教学法是教育先驱对学生进行思想政治教育的重要内容之一，课堂理论教学法对提高学生身心健康起着重要作用，在大学生和教师中已经得到普遍认可和接受。思想政治理论教育课对于高校学生的思想政治教育起着重要的指导作用，也可以全面提高学生的基本素质，培养新时代学生的创新性思维。

思想政治理论课是大学生的必修课，是帮助大学生树立正确世界观、人生观、价值观的重要途径，体现了社会主义大学的本质要求。这是中共中央关于思想政治理论课地位和性质的最集中概括。我国对高校思想政治理论课的重视程度在世界上绝无仅有。思想政治理论课的课程设置和教育内容由中央政治局讨论审定，高校的任何其他课程从未受到如此的重视。改革开放以来，党和国家先后在1985年、1998年、2005年3次对课程设置进行改革和调整。2005年以后，高校开设“马克思主义基本原理概论”“毛泽东思想、邓小平理论和‘三个代表’重要思想概论”（党的十七大以后改为“毛泽东思想和中国特色社会主义理论体系概论”）“中国近现代史纲要”“思想道德修养与法律基础”“形势与政策”5门大学生必修课。这5门内在相互联系的课程是马克思主义作为一门系统化、理论化的思想体系的集中体现。《马克思主义基本原理概论》帮助大学生系统掌握马克思主义的基本原理，以正确认识人类发展的客观规律，培养大学生坚定的共产主义理想信念，解决“什么是马克思主义”“为什么要始终坚持马克思主义”“怎样坚持和发展马克思主义”的问题。“毛泽东思想和中国特色社会主义理论体系概论”，通过讲授马克思主义中国化的理论成果和中国共产党领导中国革命、建设和改革取得的辉煌成就，帮助大学生掌握用发展着的马克思主义指导中国实践的重要意义，引导大学生正确认识我国的基本国情和社会主义现代化建设的客观规律，从而坚定大学生对中国共产党的领导和走中国特色社会主义道路的信心。《中国近现代史纲要》通过帮助大学生了解中国近现代的历史发展，引导大学生提高运用马克思主义的世界观和方法论分析历史问题的能力。《思想道德修养和法律基础》通过帮助大学生了解我国社会的道德要求和法律规范，引导大学生提高运用马克思主义的立场、观点和方法改造主客观世界的能力。《形势与政策》通过帮助大学生提高运用马克思主义的立场、观点和方法理解政策和正确分析形势的能力，使大学生能够认清国际国内大局和大趋势，从而自觉团结在党的基本路线、方针和政策周围。马克思指出：“理论只要说服人，就能掌握群众；而理论只要彻底，就能说服人。所谓彻底，就是抓住事物的根本。”

思想政治理论课通过系统地阐述马克思主义关于人类社会发展客观规律的真理性认识，帮助大学生掌握改造主客观世界的思想武器，有效地满足了大学生全面发展的需求，一旦为大学生所真正认可并系统掌握，使大学生思想上得到理论的武装，就可以直接转化为一种建设中国特色社会主义事业的强大物质力量。思想政治理论课的主渠道作用主要是通过提升课程质量来实现的。邓小平指出，把坚定的政治方向放在首位，这并不是说要把大量的课时用于思想政治教育。从客观的角度来看，现在的大学教育是专业化占主导地位的，专业课程和其他课程占了高校课程体系的大部分比例，思想政治理论课在数量比例上只能是少部分的。改革开放以来，思想政治理论课的比例一般为10%～12%。

思想政治教育的主渠道作用只能是在保证一定课时量的基础上，通过提升课程质量来实现。一方面，要通过不断提升思想政治理论课内容的质量，改善思想政治理论课的教学方法，来提升思想政治理论课本身的质量，以发挥更好的思想政治教育影响；另一方面，要提升思想政治理论课对高校各门课程的渗透力和控制力，通过把思想政治理论课贯穿于整个教育系统，从而把思想政治教育的影响在专业学习过程中体现出来。只有不断把思想政治理论课的质量提升到一个新的层次，思想政治理论课的主渠道作用才能充分实现。

实践教学则主要是指导和帮助大学生运用马克思主义理论的立场、观点、原理分析和解决问题，突出大学生主体在教学活动中的参与性、自主性、能动性和创造性，教学内容更具有针对性、直观性、现实性和形象性。教学手段与方法更具有多样性和生动性，教学效果较课堂理论教学要好。在高校思想政治理论课教育教学中，实践教学法有着理论教育不可替代的作用。教育部等七部门颁布的《关于进一步加强高校实践育人工作的若干意见》，系统阐明了高校实践育人工作的重要意义。加强高校实践育人工作，是全面落实党的教育方针，把社会主义核心价值体系贯穿于国民教育全过程，深入实施素质教育，大力提高高等教育质量的必然要求。党和国家历来高度重视实践育人工作。坚持教育与生产劳动和社会实践相结合，是党的教育方针的重要内容。坚持理论学习、创新思维与社会实践相统一，坚持向实践学习、向人民群众学习，是大学生成长成才的必由之路。进一步加强高校实践育人工作，对于不断增强学生服务国家、服务人民的社会责任感、勇于探索的创新精神、善于解决问题的实践能力，具有不可替代的重要作用；对于坚定学生在中国共产党领导下，走中国特色社会主义道路，为实现中华民族伟大复兴而奋斗，自觉成为中国特色社会主义合格建设者和可靠接班人，具有极其重要的意义；对于深化教育教学改革、提高人才培养质量，服务于加快转变经济发展方式、建设创新型国家和人力资源强国，具有重要而深远的意义。在高校思想政治理论课实践环节的教育教学中，实践教学、军事训练、社会实践活动是实践育人的3种主要形式：第一，要强化实践教学环节。实践教学是学校教学工作的重要组成部分，是深化课堂教学的重要环节，是学生获取、掌握知识的重要途径。思想政治理论课所有课程都要加强实践环节。要把实践育人纳入学校教学计划，系统设计实践育人教育教学体系，加强实践教学管理，提高实验、实习、实践和毕业设计（论文）质量。确保实践育人工作全面开展。要深化实践教学方法改革，重点推行基于问题、基于项目、基于案例的教学方法和学习方法，加强综合性实践科目设计和应用，加强大学生创新创业教育。第二，要认真组织军事训练。通过开展军事训练和国际形势教育、国防教育，使学生掌握基本军事技能和军事理论，增强国防观念、国家安全意识，弘扬爱国主义、集体主义和革命英雄主义精神，培养艰苦奋斗、吃苦耐劳的作风。第三，要系统开展社会实践活动。社会实践活动是实践育人的有效载体。社会实践活动的形式主要有社会调查、生产劳动、志愿服务、公益活动、科技发明和勤工助学等。要倡导和支持学生参加生产劳动、志愿服务和公益活动，鼓励学生在完成学业的同时参加勤工助学，支持学生开展科技发明活动。要抓住重大活动、重大事件、重要节庆日等契机和暑假、寒假时期，紧密围绕一个主题、集中一个时段，广泛开展特色鲜明的主题实践活动。

在高校思想政治理论课实践环节的教育教学中，实践育人特别是实践教学依然是高校人才培养中的薄弱环节，与培养拔尖创新人才的要求还有差距。要切实改变重理论轻实践、重知识传授轻能力培养的观念，注重学思结合，注重知行统一，注重因材施教，以强化实践教学有关要求为重点，以创新实践育人方法途径为基础，以加强实践育人基地建设为依托，以加大实践育人经费投入为保障，积极调动整合社会各方面资源，形成实践育人合力，着力构建长效机制，推动高校实践育人工作取得新成效、开创新局面。

高校思想政治理论课教师在运用实践教育法的过程中，一定要以正确的思想理论指导实践，不应盲目行事和搞形式主义，实践教育的形式既要丰富多彩、引人参与，又要因地制宜、讲求实效，如学校中常用的社会调查、公益活动、勤工俭学、咨询服务、教学实习等都是有效的实践教育方式，在实践教育中使理论与实际相结合，思想政治理论课教学内容与社会实践有机结合起来。

网络教学则主要是依托现代信息网络开展思想政治理论课教学，具有不受时间、场所、空间限制等优势，可以实现大学生时时学习，具有学习方式灵活、信息传播快捷等特点，便于大学生根据自己需要自主地选择学习思想政治理论课内容。同时网络教学具有内容更加丰富的特点，更能贴近时代、贴近生活、贴近大学生思想实际，表现形式更加多样，可以运用多媒体技术实现文字、声音、图像并茂，增强教学的实效性。因此，思想政治理论课立体化教学模式既能较好地反映思想政治理论课的特点和教学规律，又是一种全方位、多层次和网络化的教学模式体系。中国大学思想政治教育重视现代教育技术手段对思想政治等多种教育方法的补充与完善，以提高各种教育方法的有效性。随着中国现代教育技术的不断进步与发展，以多媒体技术为核心的多种计算机网络技术应用成为大学思想政治教育中采用的重要方法与手段，并逐渐形成了一套较为完善的方法论体系。

中国大学思想政治教育采用的以计算机多媒体技术为核心的现代教育技术方法，主要在于通过对思想政治教育各种资源的有效开发、设计、运用以及管理等方式，将教师“传授”与学生“接受”的教育过程以思想政治教育效果最优化的方式得以实现。这种教育方法，有利于为学生创造一个图文并茂的真实学习氛围与环境，将理论性与知识性较强的思想政治理论课变得更加生动活泼、具体真实等，从而激发学生的学习兴趣与求知欲望，增强学生学习的主动性与自觉性，对于创造性思维以及自主学习能力的形成与培养都具有重要意义。可见，现代教育技术方法在大学思想政治教育过程中的具体应用，不仅使思想政治教育内容更加多元化与丰富化，同时也为学生接受教育内容，形成马克思主义的世界观、认识观、价值观，坚定社会主义理想信念，践行社会主义核心价值体系，形成社会主义完美人格创造了方法论基础。另外，以多媒体网络技术为核心的教育方法，与灌输式教育方法以及教师主导和学生主体式教育方法共同作用，形成中国大学思想政治教育方法论体系应有的合力。

第五章　高校思想政治教育立体化教学模式构建的原则

原则是指导人们认识、思想、言论和行为的规定或准则，它是人们认识客观事物及其规律并在社会实践中对客观事物及其规律进行抽象的结果。恩格斯指出："原则不是研究的出发点，而是它的最终结果；这些原则不是被应用于自然界和人类历史，而是从它们中抽象出来的；不是自然界和人类去适应原则，而是原则只有在符合自然界和历史的情况下才是正确的。"①

思想政治教育者在思想政治教育方法创新过程中也应当遵循一定的原则，这些原则是教育者从思想政治教育方法创新的具体实践中抽象得到的结果，是教育者在思想政治教育方法创新时必须遵循的规定和准则。高校思想政治教育"立体化"模式需遵循如下原则：

第一节　目的性原则

目的性原则是思想政治教育目的的要求，也是思想政治教育基本规律的具体体现。目的性原则就是要求思想政治理论教育立体化教学模式为实现思想政治教育根本目的服务。因此，思想政治理论教育立体化教学新模式要明确思想政治教育的根本目的，处理好思想政治教育课堂理论教学、实验教学、实践教学和网络教学之间的关系，实现各教学协调统一，共同为思想政治教育总目标服务。

思想政治教育为什么存在和发展，也就是思想政治教育的目的是什么，是说明思想政治教育存在的必要性的重要因素，更是规定思想政治教育目的的首要条件。"培养阶级或阶级社会需要的人才"作为思想政治教育的目的是可取的，我们从几个方面对这个目的进行分解，即思想政治教育的目的性主要体现在：一是思想政治教育为阶级、政党的统治服务的目的。二是为社会稳定和发展服务的目的。三是为了人的完善和发展服务的目的。从这 3 个层面全面认识思想政治教育的目的，有助于对思想政治教育目的形成正确的认识。

思想政治教育并不是人类社会先天就有的，而是伴随着阶级和国家的产生而

---

① 马克思恩格斯选集：第 3 卷．北京：人民出版社，1995：374.

产生的。思想政治教育作为一种实践活动贯穿于阶级社会的全部历史。虽然在不同的历史时期、不同的地域，思想政治教育存在的样态不同，但其主要代表的是统治阶级的利益，并且由统治阶级组织实施，是统治阶级维护其统治的最得力的工具。马克思、恩格斯就曾指出："统治阶级的思想在每一时代都是占统治地位的思想。这就是说，一个阶级是社会上占统治地位的物质力量，同时也是社会上占统治地位的精神力量。支配着物质生产资料的阶级，同时也支配着精神生产资料，占统治地位的思想不过是占统治地位的物质关系在观念上的表现，不过是以思想的形式表现出来的占统治地位的物质关系。"①

思想政治教育将社会的主流意识形态向社会成员进行传播和灌输，促使全体社会成员形成共有的信仰和价值观，它必然成为统治阶级巩固政权和治理国家的有力工具。统治阶级向社会成员灌输主流意识形态的众多载体中，思想政治教育是最重要和最关键的。因为，思想政治教育和意识形态有着根本性质上的一致性，即阶级性和政治性。思想政治教育和意识形态从根本上来说都是为统治阶级利益服务的，二者的出发点一致。意识形态教育功能是思想政治教育的主要功能之一，也是思想政治教育区别于其他形式教育的主要标准，思想政治教育对社会成员传授政治、经济、文化、社会等方面的思想，达到灌输社会主流的意识形态的目的，无论是在古今中外的任何朝代，思想政治教育都以其天然的优势，成为统治阶级意识形态教育的最关键的载体。

思想政治教育不仅承载着意识形态，更重要的是把意识形态传播出去，从而对社会成员的思想观念等方面产生实质性的影响。思想政治教育在传播意识形态方面有自己独特的优势，首先，思想政治教育具有亲民性。思想政治教育并不是以上传下达的指令形式存在的，而是渗透于各阶层民众之中，结合民众具体的生活实际进行实践活动，接近群众、服务群众，必然得到群众的广泛支持。其次，思想政治教育具有广泛性。思想政治教育普遍存在于人们生活的各个领域，学校、社区、军队、农村、企业等，它存在的广泛性同时决定了思想政治教育影响范围的广泛性，影响作用巨大。最后，思想政治教育方法具有多样性。思想政治教育并不是简单地宣读政治指令和相关文件，而是以多彩的形式开展的，其中举办研讨会、组织参观纪念馆、开展文娱演出甚至播放具有教育意义的影片，都能够成为其教育的有效形式。由于思想政治教育的亲民性、广泛性以及存在形式的多样性等特点，思想政治教育无疑是传播意识形态最有效的手段。

意识形态控制力，主要包括两方面的含义：一是意识形态本身对人们思想和行为的规范性和约束性；二是统治阶级通过意识形态的灌输对社会成员的思想价值观念的支配和控制。统治阶级向社会成员灌输意识形态是要实现对社会成员思想观念和价值取向的约束和控制，思想政治教育通过向社会成员灌输主流的意识

① 马克思恩格斯选集：第1卷．北京：人民出版社，1995：98.

形态，影响人们的思想观念，思想政治教育就是统治阶级意识形态领导权、意识形态控制力的重要体现。因为从理论上讲，只有统治阶级和主流意识形态的控制者才能实施对全体社会成员的思想政治教育。因此，思想政治教育作为统治阶级意识形态的关键载体和有效的传播手段，必然成为统治阶级意识形态控制力的重要途径。

思想政治教育在维护阶级统治的同时，也维系着社会的稳定，促进社会各方面的协调发展。众所周知，社会先于阶级、国家而产生，阶级和国家是社会发展到一定阶段的产物。统治阶级虽然在社会中占据了主导地位，但不可能独立于社会而存在。所以，国家不但有政治统治职能，还有社会管理职能。正如恩格斯曾指出："政治统治到处都是以执行某种社会职能为基础，而且政治统治只有在它执行了它的这种社会职能时才能持续下去。"① 思想政治教育从思想上保证了国家社会职能的顺利实现，毫不夸张地说，思想政治教育是社会的"安全阀"。

社会的稳定关系着社会存在和发展的大局，正如邓小平"在我国改革开放全面展开的历史进程中，反复强调稳定是中国实现社会主义现代化发展战略的必要前提，是中国的最高利益。中国的问题，压倒一切的是稳定，没有稳定的环境，什么都搞不成，已经取得的成果也会失掉。"②

维护社会稳定的途径有很多种，思想政治教育属于其中既主要又关键的部分。阶级社会，虽然以阶级对立和斗争为最明显的标准，但除却阶级斗争之外，社会各阶级之间，社会成员之间都存在着联系，在很多方面更存在着共同的利益。这些联系和共同的利益将各种不同的力量整合于社会这个大家庭中，这些不同的力量能否在社会中发挥各自的作用并且做到和谐共处，是决定社会稳定和动荡的关键。同时社会的稳定又是统治阶级实现政治统治的前提和人们安居乐业的保证，因此只有发挥国家的社会职能，保障不同群体的利益，才能够维系社会的稳定。要充分发挥国家的社会职能，实现不同社会成员对社会的认同，首要工作就是教导社会成员掌握社会共同的价值观念，遵守社会的制度和规范，思想政治教育是完成这项任务最有效的途径，它在对人们传授知识的同时，也将社会的规则和主流价值传递给了人们，使人们能够做到遵守社会规范，严格要求自己，维护社会整体的稳定和发展。

邓小平在1992年提出"发展是硬道理"的口号，高度强调了发展的重要性。在人类社会不断向前发展的过程中，思想政治教育发挥着重要的影响。第一，正如上文所说，思想政治教育有利于维护社会的稳定，社会的稳定为社会的发展提供了良好的社会环境。第二，思想政治教育有助于协调不同阶级和阶层之间的矛盾和利益冲突，调节他们之间的关系，从而使他们有可能形成推动社会前进和发

① 马克思恩格斯选集：第3卷. 北京：人民出版社，1995：523.

② 毛泽东思想和中国特色社会主义理论体系概论. 北京：高等教育出版社，2009：168.

展的巨大合力。第三，思想政治教育通过对人们思想观念、政治观点和道德品质的影响，以及对社会主流价值观念的传递，有助于帮助人们树立共同的理想奋斗目标，共同的奋斗目标是人们前行的指路明灯和巨大动力，更是整个社会处于向上发展阶段的重要表现。第四，社会的发展靠人才，人才的培养靠教育。合格人才的重要标准之一就是思想政治合格，思想政治教育就是要为社会培养政治合格的人才，这也是思想政治教育推动社会发展的最根本的渠道。

社会的稳定和发展都离不开社会管理，社会的稳定和发展又能推动社会管理的实现。谈到社会管理，事实上，更多的是对社会中的人的管理。对社会中的人的管理，最重要的一个方面就是对社会中人的思想的管理。思想政治教育对人们的思想进行管理主要是通过帮助人们实现政治社会化，提升人们的精神境界，为人们提供榜样模范，激励人们不断进取和奋斗实现的。思想政治教育就是通过对人们思想的管理来帮助实现社会管理的。思想政治教育通过影响人们的思想，从而规范人们的行为，实现对人的思想和行为的管理，由于社会是由个体的人组成的，所以，思想政治教育间接地实现了对社会的管理，这不仅帮助人们不断地发展和完善自身，同时也激发了他们为整个社会服务的潜能，为社会的健康发展提供了坚实的保障。

总之，思想政治教育在社会发展的层面上始终发挥着重要的作用，是保证社会稳定、推动社会发展和实现社会管理的重要力量，这也是我们从社会的维度对思想政治教育目的的第二层解读。

无论是要实现对人们进行意识形态的灌输还是实现社会管理，都离不开“人”的作用的发挥，要更好地实现上述的内容，需要在“培养人”方面加大关注力度，思想政治教育为了更好地实现政治统治和社会稳定的目标，就要循序渐进地对人进行培养，第一个步骤就是培养合格的社会公民，继而培养统治阶级的接班人。

在阶级社会中占社会绝大多数的并不是统治阶级，而是以公民身份存在的普通民众。这些普通民众的思想状况和政治社会化程度直接决定着整个社会的思想道德发展水平，影响着国家的稳定和发展，从而直接关系着统治阶级利益的实现。因此，思想政治教育要实现的最基础的目标就是培养合格的社会公民，即通过一定的方式将社会的主流理念传授给社会成员，以使他们认同并接受统治阶级所确认的思想、意识、价值、观念、规范、行为方式等内容，并乐意承担一定的社会责任和义务，从而接受和维护统治阶级的统治。同时，思想政治教育在为统治阶级培养合格的社会公民的过程，也是帮助人们不断地实现政治社会化的过程。在阶级社会中，人要生存和发展都必须经历政治社会化，接受社会主流的价值理念和制度规范，支持现行的法律制度和行政制度，并且参与到政治生活之中，帮助社会维护稳定的秩序。政治社会化是人们在阶级社会中生存的保证、发展的前提，也是培养合格的社会公民的重要途径。

如果说培养社会公民最主要的作用是维护社会的稳定，为社会的发展营造良好的氛围，那么培养统治阶级的接班人就是要推动社会的发展，为社会不断前进提供强大的人才动力。在统治阶级看来，思想政治教育无疑是培养他们接班人的最有效的办法。思想政治教育对统治阶级的接班人的培育，首先是社会所需要的人才，最基本的是思想观念、政治观点、道德品质符合社会的要求，除此之外，对他们的要求绝不是“接受或不反对统治阶级的统治”，而是在阶级统治的过程中发挥巨大的能动作用。他们首先不仅要接受思想政治教育，而且要在内心上对阶级的统治达到认同的程度；不仅要赞成和支持统治阶级的思想观念，更要投入到宣传和普及这些观念的行动之中；不仅要将统治阶级统治中的优点发扬光大，同时也要保持警醒，对于存在的缺点和弊端及时发现和纠正；不仅要不断学习已有的经验，还要在实践中不断发展和创新。只有这样才符合统治阶级接班人的合格标准，这也是思想政治教育为统治阶级服务的另一个重要表现。

尽管出于为统治阶级服务的目的，但是在为统治阶级培育人才的同时，人们也受益其中，实现了不断完善和发展。为统治阶级服务，同时也为人的发展服务，这也是我们从“培养人”的维度对思想政治教育目的进行的第三个层面的解读。

思想政治理论课教学方法的创新就是要研究如何通过对大学生进行健康向上的兴趣、情感、意志等方面的教育，引导学生去追求一种理想的精神境界和行为方式，进而形成更高层次的思想品德、价值观念和积极作为的人格特征，引导其个性充分和谐的发展。众所周知，对大学生开设思想政治理论课程的目的和任务是要紧扣大学生成长中遇到的问题，有针对性地开展马克思主义世界观、人生观、价值观和法制观的教育，引导大学生树立远大理想，陶冶高尚情操，认同并遵循体现中华民族传统和时代精神的核心价值标准与行为规范，养成良好的思想道德素质和行为规范，增强社会主义法制观念，做“有理想、有道德、有文化、有纪律”的社会主义建设者和接班人。可见，思想政治理论课的任务和内容具有政治性和导向性的特点。思想政治理论课的教学目的和教学内容内在地决定了思想政治理论课教学要将世界观、人生观、价值观、法制观问题始终潜移默化地渗透于教学的全过程，努力达到论理而不说教和润物细无声的教育效果。而思想政治理论课程教学方法的改革和创新必须服从和服务于这一教育教学目的和内容。

第二节　主体性原则

主体性原则就是要求思想政治教育立体化教学模式充分体现出学生主体性的原则。立体化教学模式的出发点和归宿就是要求从教材、教学内容的选择到教学方法、教学手段、教学评价的运用都要体现学生的自主性、参与性、选择性，体现以人为本、以学生为主体的教学观。要求教学内容在选择和使用上要符合思想政治理论课教学目的、教学大纲和素质要求，要有利于大学生主体性的发挥。教学方法和手段要注重发挥学生的积极性，激发学生参与教学活动。教学评价要采用有利于学生自主学习的评价方法。

思想政治教育工作，实质上就是以人为工作对象，做人的思想转化工作。思想政治教育是思想政治教育者帮助思想政治教育对象提高思想道德素质的过程，是将一个不适应或不完全适应社会发展需要的人，培养成为能够适应一定社会发展需要的合格社会成员的过程。以人为本，就是要重视人的价值，肯定人的作用，承认人的力量和能动性，以人为根本。主体性思想政治教育模式坚持以人为本的原则，就是要把以有利于学生全面发展作为最根本的标准，它是指在思想政治教育活动中，坚持一切从人出发，尊重人、理解人、关心人，充分调动和激发教育对象的积极性和创造性，以达到人的全面发展为目的的观念。以人为本，要求在思想政治教育出发点上尊重教育者和教育对象的主体地位，了解学生特点和学生需要，从学生的内在需要出发，帮助学生形成正确的需要层次和需要结构；在思想政治教育目标上不仅仅考虑社会规范和要求，更要突出培养学生全面发展、培养学生主体性的要求；在思想政治教育方法上实现由外部灌输向注重学生自我实践体验的转化；在师生关系上实现主客对立向师生互动的转变等。“为了一切学生，为了学生的一切，一切为了学生”，正是以人为本思想在高校主体性思想政治教育模式的体现。

注重主体需要是个体对内外环境客观要求的反映，是人类认识和实践活动的动力。正如马克思所说：“任何人如果不同时为了自己的某种需要和为了这种需要的器官而做事，他就什么也不能做。”人的主观能动性发挥的程度，在很大程度上取决于对需要满足的程度。因而，高校思想政治教育要想真正富有成效，就必须坚持以人为本，从学生需要出发，把学生的需要作为工作的出发点和归宿，尊重、研究、满足学生的主体需要，从而使学生的主体需要更好地发挥对行为的驱动作用，以增强高校思想政治教育的有效性。如果思想政治教育者不考虑学生的主体需要，一味地凭自己的主观意愿进行机械的教授，那么，这种在没有学生认同的情感基础上的教育，是不可能收到良好效果的。大学生的主体需要是丰富而又具体的，主要包括学习需要、生活需要、情感需要、发展需要、就业需要等。同时，不同层次的人有不同层次的需要，一个人不同时期的需要的重点不同，即主要需要不同。例如，对于大一学生来说，其主要需要是学习需要，其中掌握科学理论的需要尤为突出；而对于大四毕业生来说，其主要需要则是就业需要。因此，高校思想政治教育者要在马克思主义需求理论的指导下，深入研究和准确把握大学生的需要，尤其是主要需要，通过满足他们的主要需要而卓有成效地开展思想政治教育工作。只有这样，才能将思想政治教育工作做到大学生的心坎上，充分激发和调动大学生的积极性和创造性，提高高校思想政治教育的有效性。同时，人的需要是多层次的、多方面的、动态的。大学生要成长为适应现代社会发展需要的高素质人才，就应该超越低层次的需要而发展高层次的需要。因而，高校思想政治教育有效性的实现要求教育者必须合理引导大学生的需要，促使需要转化，培养学生的高级需要，从而促使其思想、行为发生相应的变化。在高校思想政治教育过程中，教育者要善于引导学生的需要向高层次发展，使其正确认识世界、理解生活、思考人生，自觉地加强思想品德修养，把主要精力放在学习和发展上，努力成为中国特色社会主义事业的合格建设者和可靠接班人。

2003 年 12 月初，胡锦涛同志在全国宣传思想工作会议上的讲话中曾指出，思想政治工作说到底是做人的工作，必须坚持以人为本。既要坚持教育人、引导人、鼓舞人、鞭策人，又要做到尊重人、理解人、关心人、帮助人。2004 年中共中央《关于进一步加强和改进大学生思想政治教育的意见》再次强调，加强和改进大学生思想政治教育就是以大学生全面发展为目标，解放思想、实事求是、与时俱进，坚持以人为本，贴近实际、贴近生活、贴近学生，努力提高思想政治教育的针对性、实效性和吸引力、感染力。思想政治教育作为一门以人为对象，研究人的思想、行为的科学，以人为本是其基础和落脚点。

《国家中长期教育改革和发展规划纲要（2010—2020 年）》提出，要以学生为主体，以教师为主导，充分发挥学生的主动性，把促进学生健康成长作为学校一切工作的出发点和落脚点。关心每个学生，尊重教育规律和学生身心发展规律，为每个学生提供适合的教育。努力培养造就数以亿计的高素质劳动者、数以千万计的专门人才和一大批拔尖创新人才。

在思想政治教育立体化教学模式构建中以充分发挥大学生的主体性为根本导向。大学生思想政治教育既是教育者施教的过程，也是大学生接受教育和进行自我教育的过程，教育者教育作用的发挥，与大学生自身的主观努力是分不开的。所以，教育者选择和运用思想政治教育方法时，要把大学生的因素考虑进去，把其当作思想政治教育的主体因素对待，而不是把其视为单纯的被动接受客体。首先，要认同和尊重大学生的主体地位。这要求教育者在选用思想政治教育方法时，应根据大学生的实际情况有针对性地选取合适的方法，立足大学生实际情况决定所采用的方法。此外在方法运用过程中，还应根据大学生的情况随时进行必要的调整调节。其次，要对大学生的主体意识予以重视并善于激发。主体意识是人对自身主体的地位、能力和价值的认识。实践活动中人的主体意识越强，越容易自觉地发挥能动性。践行大学生思想政治教育以人为本的方法理念，就应该在方法的运用过程中创设良好的情境和条件，促使大学生主体意识充分发挥作用。最后，还要关注和发挥大学生的主体能力。人们认识和改造世界的基础是其具有的主观能动性（即主体能力）的发挥。教育者要充分关注和发挥大学生的主体能力，这也是教育方法取得有效性的重要保障。教育者在教育方法的选择和运用中，要从大学生的实际情况出发，以充分发挥他们的主体性为根本导向，尊重他们的主体地位，有针对性地立足其实际情况决定所采用的方法。此外在方法运用过程中，还应根据大学生的情况随时进行必要的调整调节，并努力创设良好的情境和条件，促使大学生的主体意识充分发挥作用，这是当前大学生思想政治教育践行以人为本方法理念的基本要求之一。

以促进大学生的自由全面发展为归宿。人是教育的基础，也是教育的根本，教育的本质就是育人，人既是教育的出发点也是教育的归宿。思想政治教育贯穿于人的自由全面发展整个过程的始终，而人的自由全面发展是其必然的归宿和终极目的。因此，思想政治教育成为促进大学生全面发展的重要途径。促进大学生的自由全面发展是思想政治教育的最高目的，而作为有目的地培养大学生思想道德素质的社会活动，在其教育方法的制定、选择和运用的过程中，应当立足实际，以学生为本、培养全面发展的人，关注时代对人才的需要，以广大学生的成长成才作为出发点和归宿，以实现大学生的全面发展为目标。在价值取向上实现思想政治教育的社会价值和个体价值的统一，使思想政治教育方法更能贴近大学生学习和生活的实际。具体落实到大学生的自由全面发展主要表现在两个方面：一是大学生有实现或满足自身自由发展的需要。由于每个大学生各自的具体状况不同，就决定了各自的个体需要都会不尽相同，只有充分肯定大学生个体需要的多样性，并在教育中不断地对其加以满足，才能促进大学生的全面发展。二是自由全面发展体现为大学生的各方面能力都能得到自由的拓展。大学生自身的能力是需要不断教育和培养的，大学生在校期间努力实现全面发展的一项重要内容就是其能力的不断开拓和发展。因此，从教育本质和时代特征方面出发，大学生思想政治教育对其教育方法提出的根本要求就是关注、培养和实现大学生的全面发展。

此外，大学生思想政治教育方法要遵循人性化原则，凸显人文色彩。这主要是指在思想政治教育过程中，通过将大学生的自然属性和社会属性、共性和个性、理性和非理性的因素辩证统一的理解来实现和体现人文关怀。大学生既是教育的对象，也是教育者工作应该关怀的对象，教育者既需要对大学生从思想、政治、道德等方面加以提高，也需要从现实需要、物质利益、心理需求等方面充分关怀，突出大学生自然属性和社会属性的统一，体现人文关怀。尽管大学生思想政治教育的目标和要求在教育实践中是一致的，但由于每个人的个性特征不尽相同，因此在教育方法的选择上就要充分考虑每个人丰富的个性特征，要根据不同的个性特征选择不同的教育方法，做到共性和个性的统一。大学生思想政治教育作为有目的、有计划的教育活动，往往会注意利用大学生的理性因素达到教育目的，积极发掘并利用非理性因素如大学生的情绪、情感因素等，也会取得意想不到的效果，这就是理性和非理性的统一。运用思想政治教育方法突出人文色彩，本质就是要通过关注大学生的精神生活，采用贴近生活和实际的教育方式方法开展教育，赋予大学生思想政治教育以人文关怀。

第三节 实践性原则

思想政治教育立体化教学模式突出的特点就是实践性。所谓实践性，它主要区别于课堂理论教学，是利用课堂以外的时空组织的教学活动，教学方式、教学手段与课堂理论教学相比，主要采取参观、实地调研、现场参与、共同研讨等形式。内容形式上更加丰富、具体、感性，不再是强硬死板的概念、判断、推理等逻辑形式，而是活生生的事实、图像、景观和强烈的现场参与感，有利于巩固知识、理论、原理，促使感性认识上升到理性认识；在实践教学过程中，教学双方地位和角色关系较课堂教学更具有平等性、民主性、互动性，学生不再是处于被动的地位和角色，而是主动积极地参与教学活动，有利于激活学生的主体性，加快学生知与行的统一。

高校思想政治理论课作为高校教学体系中的一门基础学科，是高校马克思主义理论教育的主渠道、主阵地，其教学效果的好坏直接影响着当代大学生的世界观、人生观和价值观。根据 2004 年中共中央 16 号文件《关于加强和改进大学生思想政治教育的意见》的精神，只有将社会实践真正纳入学校的教学总体规划体系中，并制定相应的教学大纲与实施机制，才能充分利用实践教学实现大学生了解社会、增长才干、培养品质、奉献社会的教学目标。文件既明确了社会实践活动在我国高等学校教育中的重要地位，也突出了实践教学在思想政治理论课教育教学中的重要地位。为更好地促进高校思想政治理论课实践教学的实施，我们把思想政治理论课实践教学的内涵定义为：思想政治理论课实践教学是依据思想政治理论课教学目标，在理论教学的基础上，在教师的指导下组织和引导大学生亲身参与各种社会活动与调查研究，以在活动中获得思想道德方面的直接体验，深化理论认识，提高自身综合素质能力为目标的各种教学方式或环节的总和。对思想政治理论课实践教学的理解需要把握以下几点：第一，思想政治理论课实践教学的目标是让学生将所学理论知识运用于日常生活，培养和提高其认识世界、改造世界、解决实际问题的能力，它与其他教学课程一样需要系统的规划。第二，思想政治理论课实践教学的形式应该丰富多样，既可以在课堂上进行，也可以在课堂外进行，亦可在虚拟网络上进行，但必须与课程内容有关，丰富多样的教学形式的最终目的都是为了培养和提高学生的思想道德水平和动手创新能力。第三，思想政治理论课实践教学必须由教师主导，离开了教师的组织与指导则不能称为思想政治理论课实践教学。第四，思想政治理论课实践教学必须体现学生的主体性，即通过学生的主动参与使其主观能动性得到充分发挥。高校思想政治理论课实践教学包括以下几种基本类型：

思想政治理论课校园实践教学就是在高校思想政治理论课教育教学目标的指

导和规范下，以校园环境为载体，以课外时间为活动时间，以学生的兴趣为纽带，由学生自主设计、策划、组织和开展的，在长期互动中形成的旨在促进学生社会化和全面发展的一系列活动和过程的总和。它是思想政治理论课实践教学体系的重要组成部分，是连接课堂实践教学与社会实践教学的重要纽带，能在较为广泛的空间层面上实现思想政治理论课教育教学相关理论和观点的具体展开。这种实践活动具有校园化、生活化、趣味化的主要特征。通过这些校园实践活动，大学生们既可以弥补课程学习过程中的不足，又可以在这些活动中培养互助、合作、协调、管理等良好的思想品德和作风，还为他们迈入社会、适应社会做好了准备。

思想政治理论课社会实践教学，就是以教学目标为依据，在教师的指导下，学生根据自身的知识结构、动手能力、兴趣程度确定自己关心和研究的主题，借助社会活动的方式走出校门，走进群众，在实践活动中提高认识、展现才能、寻求答案的教学方式。思想政治理论课社会实践活动是高校思想政治理论课课堂实践教学和校园实践教学的有效延伸形式，其主要目的是让大学生将所学理论知识与社会实际相结合，深入基层，通过自己亲身体验认识社会、锻炼能力、增长才干，从而树立正确的思想观念，提高自身的思想觉悟，增强服务与责任意识，培养创新精神和实践能力。它主要通过学生实地考察、参观访问、实证调查、志愿者服务等形式来实现。

思想政治理论课虚拟实践教学是高校思想政治教育工作者运用计算机网络技术、虚拟现实技术等手段在计算机网络空间中有目的地创建仿真或虚拟的社会实践情景和条件，并引导大学生进行自主探索、自主体验、相互交流、自我教育的新型实践教学形式。它主要包括网上论坛、网络游戏等内容。虚拟实践教学是网络信息技术与社会实践紧密结合的产物，是高等教育教学方式的新拓展。当前，这种新型的活动形式已越来越多地渗入当代大学生的日常生活、学习和工作之中，并深受大学生喜爱，在极大程度上提升了高校思想政治理论课教育教学的效果，它也必将在高校思想政治理论课实践教学体系中发挥更加重要的作用。借助网络技术开展的实践教学活动，与其他社会实践教学方式相互补充、相映成趣、相互作用，共同构成了立体多维的思想政治理论课实践教学体系。

把高校思想政治理论课实践教学具体划分为校园实践教学、社会实践教学以及虚拟实践教学，是基于大学生为同一实践主体，承担着受教育、长才干、做贡献的同一教学目标，以实践活动的场所、载体和环境为区分依据而进行的分类。这种分类能够大大拓展高校思想政治理论课实践教学的时间与空间范围，有利于高校教职员工更好地履行教育职责，有利于大学生全员全时、就近就便、可持续的参与社会实践，以便捷的方式争取社会各界对高校思想政治理论课实践教学的关心和支持，也更容易为高校学生思想政治工作者和大学生所理解、把握、操作和实施。

第四节　系统性原则

系统性原则就是要求思想政治教育内容与教育方法的系统化结合以及教学方法本身的系统化构建。思想政治教育学界存在的不足之一在于孤立地研究思想政治教育方法和思想政治教育内容，既没有深入具体和有针对性地分析思想政治教育方法和思想政治教育内容，也没有很好地将两者结合起来加以考察和研究。要知道只有当既有思想政治教育方法又有思想政治教育内容，而且思想政治教育形式和内容相互适应时，思想政治教育才会有效果。

思想政治教育内容适当是指时代性、对象性和政治性的有机统一。思想政治教育是党的工作的重要组成部分，为党的中心工作和中心任务服务。中国共产党在不同历史时期的中心工作和中心任务是不同的。所以，思想政治教育的内容就必须随着党的中心工作和中心任务的变化而变化。同时，确定思想政治教育内容也必须注意教育对象的差异性，做到有的放矢，有针对性地安排教育内容；先进性与广泛性的原则要求我们在思想政治教育过程中根据不同群体、不同层次的教育对象的不同特点和不同要求，区分教育内容的层次性。当前，思想政治教育工作中还必须强调政治性，因为总有人试图去掉思想政治教育中的“政治”二字，有意无意地轻视和忽视政治性，推崇普适性和一般性。其实思想政治教育中的政治概念既有历史性，也有不变性；目前我们所讲的市场经济、和谐社会、现代化、物质文明、政治文明、精神文明、改革开放都有一个社会主义问题，即社会主义市场经济、社会主义和谐社会、社会主义现代化、社会主义物质文明、社会主义政治文明、社会主义精神文明、社会主义改革开放。总之，思想政治教育要以中国特色社会主义理论体系为指导。

思想政治教育方法适当是指时效性、对象性和生动性的有机统一。时效性就是要注意思想政治教育工作的时代背景、物质条件和科学技术的发展状况。思想政治教育方法必须随着时代的发展变化而变化，随着为之服务的中心工作和中心任务的变更而变更。思想政治教育方法的对象性是指思想政治教育必须考虑到教育对象的差异性，教育内容的不同，有针对性地开展教育活动。不同对象、不同内容当然要有不同的形式；相同对象、相同内容有时也要采取不同方式。思想政治教育形式的生动性是指在思想政治教育工作中要通过丰富多彩、生动活泼、寓教于乐的教育活动，采用为教育对象喜闻乐见的教育方式。

思想政治教育方法和思想政治教育内容的两者协调是指教育内容和教育形式的同一性、兼容性、互补性。第一，思想政治教育过程中时代（效）性、对象性必须同时兼顾，即思想政治教育方法和思想政治教育内容必须同时兼顾时代（效）性、对象性；第二，思想政治教育工作不能为生动而生动，更不能为形式生动而丢失政治内容；第三，思想政治教育的政治性并不表示僵化、古板，缺乏生气、活力，相反，越是深奥的道理、政治性越强的内容更需要有为广大人民群众所容易接受的形式，这样才能达到灌输的目的。

思想政治教育要取得预期效果，不是一件容易的事情。思想政治教育方法、内容与效果之间存在着诸多情况，会出现多种不同的结果，思想政治教育只有采取合适的形式，安排恰当的内容，并处理好形式、内容的辩证关系，才能取得实效。这一理论（经验、规律）得到了历史和现实的印证（证明）。因此，广大思想政治教育理论研究者和实际工作者在思想政治教育理论研究和实际工作中，必须关注思想政治教育形式、内容与效果之间的内在联系，需要处理好思想政治教育方法与内容的辩证关系，认真研究“四种情况”和“六种表现”，找到思想政治教育的最佳内容与形式以及最优组合，从根本上解决现实中出现的思想政治教育低效甚至无效问题，从而使思想政治教育获得最大效能，达到最佳效果。

因此，思想政治理论课的课程性质和教学内容内在地决定了思想政治理论课的教学方法具有不同于一般自然科学专业知识教育的功能和特点，后者所研究的是自然现象，本质上是实证科学，即它要回答的是自然界中的客观事物“是怎样的”。其教学方法注重的是对知识的认知和接受，它更多具有启迪智力的功能；而思想政治理论课教学着眼于启迪人的心灵世界，建构人的生活方式，从而实现人的人生价值。因此，思想政治理论课教学方法更多的是一种启迪心智和精神引领的功能。它不仅要求接受和理解，更注重力行、实践和内化。要使学生掌握的理论知识具有向实践迁移的价值。即其教学目标不仅要解决学生对社会道德基本要求和法律规范的知不知、懂不懂的问题，还要解决信不信、行不行的问题。古人云：“知之非艰，行之唯艰。”

教学方法和手段的立体化就是在教学活动中，要把“粉笔＋黑板＋课本”的平面教学手段和单向“注入”式的教学方法，改变为立体的、多层面的、多向的互动模式，尤其是要运用多媒体教学技术直观、形象的特点，充分调动学生的视觉和听觉等学习器官，形成立体化教学情境和交互式的教学活动。

广义的立体化教学情境和交互式的教学活动，是指学校教学中一切相关事物的相互作用与影响，包括课内互动和课外互动，如备课活动互动，讲、评课互动，学生作业互动，测验互动，信息反馈互动等。狭义的立体化教学情境和交互式的教学活动，是指课内师生之间发生的各种形式、各种性质、各种程度的相互作用与影响，即教师和学生这两类角色相互作用和影响的过程。一般认为，立体化教学情境和交互式的教学活动是指在教学活动中，师生之间、学生之间借助沟通、交流、合作的方式，充分发挥双方的积极性、主动性，为课堂教学营造一个愉悦、真诚、和谐的多元互动环境，促使学生主动参与和全身心投入课堂学习，激发学生的学习热情，拓展学生学习思维方式，从而达到相互促进、有效完成教学任务的教学方法。立体化教学情境和交互式的教学活动既不同于传统的以教师为中心的“灌输”式教学法，也有别于放任学生自发学习的“放羊”式教学方法。它既要求教师关注学生的学习兴趣进行有针对性的教学，也要求学生在教师的精心指导下按教学计划的要求系统地学习。

立体化教学情境和交互式教学活动的基本特征有以下几个方面：

一是教学形式的多样性。立体化教学情境和交互式的教学活动克服了以前课堂上只是教师一人在讲台上唱独角戏，所针对的是多媒体而非台下的学生群体，偶尔提几个问题，学生无应答，教师只好自问自答。在互动式教学中，教师除了对所授内容精讲外，应留出相当一部分时间组织学生进行案例分析、自主学习、抢答比赛、小组讨论、个人演讲、课堂辩论等活动，让课堂教学形式呈现多样化。

二是教学内容的广泛性。立体化教学情境和交互式的教学活动不局限于课本内容的教学，教师可紧扣教学目标，依据教材内容的重点、难点，针对学生关注的社会热点、焦点问题进行教学。同时，教师还可让学生课前充分预习准备，通过收看电视、收听广播，借助电脑、手机参与网络互动，全方位、多途径地搜索查询与教学内容相关的知识，然后在课堂上充分表达自己的观点、想法，积极主动地与老师和同学交流、互动，从而弥补和充实书本上的知识，丰富和拓展教学内容。

三是教学交流的多向性。立体化教学情境和交互式的教学活动通常采取专题讲授、案例分析、课堂讨论、社会实践等教学形式，促使以往的单向互动交流模式向师与生结合、生与生结合、生与媒体结合的多向交流模式转变，充分体现学生学习的自主性和灵活性。其中，师与生的互动交流，既可以减少学生学习理论知识的时间，又有利于促进师生教学相长。生与生的互动交流，既有助于取长补短，又能创设合作机会，增进学生之间的相互了解和团结互助。生与媒体的互动，既增加了学习的直观性，便于理解和记忆，又让学生从电脑、智能手机等高科技媒体上学到书本上没有的知识，有利于完善知识结构和扩大学习视野。

四是教学情理的交融性。在互动式教学中，情感因素发挥积极的作用，课堂不仅是知识的传递过程，也是情感交融的过程。环境对情绪和情感有很直接的制约作用。思想政治理论课教学中，学生的情感活动是与环境条件密切相关的，思想政治理论课教学的内容，已经相当概念化和理论化，具有间接性、抽象性、辩证性和全面性的特点。学生由于年龄和阅历的关系，缺乏实际的社会生活经验，因此，在理解和掌握思想政治理论课的内容原则上会有很多的困难，如果教师再不注意适当的创设情境，情感教育就很难达到应有的效果，知识、理论的教学也容易流于形式和教条化，只有创设情境条件，让学生在实际或模拟的环境中去感受、体会所学的知识和内容，学生才可以真正理解理论所揭示的社会关系，并建立起相应的真实情感。教师注重以情动人，情境交融，通过设置一定的教学情境，把学生带入到特定的情境中，在引导学生学习知识的过程中，不断深化对理论知识的理解，增强综合素质，提高学生的自主学习能力、探索创新能力、社会实践能力、交流应变能力和明辨是非能力，让学生在积极的情感体验中不断感受新问题、新材料和新观点的刺激，从而使每一节课都有新收获、新感觉、新体验。

第六章　高校思想政治教育立体化教学模式构建的途径选择

思想政治教育理论教学和研究的实践导向和价值追求蕴含着对社会现实问题的不断追求，而真正的问题意识是前瞻性的，是在对现实实践的考察中获得的。因此，思想政治教育理论的发展正是在对现实问题的不断超越中开辟境界的。前瞻性地解决问题，要求在解决问题的同时，使受教育者的思想认识超越现有水平。这自然要求具有前瞻性的理论来指导，从而洞见和昭示更为久远的未来，使思想政治教育实践更具预见性、科学性，思想政治教育理论研究应当通过螺旋式的发问和应答去反复追问带有普遍性、根本性的问题，在对现实问题的深刻思考中昭示未来。在高校思想政治教育中树立问题意识，建构基于问题意识的思想政治教育的学习模式，保障学习的实效。

第一节　基于问题的思想政治教育学习模式

具有问题意识，关注和解答思想政治教育面临的问题，实现“思想掌握群众”是思想政治教育理论研究的生命活力所在。但在思想政治教育“学科化……体系化”建设卓有成效的同时，思想政治教育理论研究却因问题意识日趋淡薄而陷入“解题低效”的困境，要摆脱这一困境，需要我们在思想政治教育理论研究中不断强化问题意识，深入研究实践提出的理论和现实问题。

一、问题意识的内涵

思想政治教育活动中的问题意识，是指思想政治教育者对一些尚待解决的矛盾或问题的真诚承认以及积极解决这些问题的自觉。也就是说，它是思想政治教育者对既有内在理性的一种突破，是人们以质量索解的态度审视思想政治教育活动时形成的一种思维习惯和提问方式。思想政治教育理论源于生动发展的思想政治教育实践，并在提出和回应实践面临的问题中逻辑地展开。问题是理论研究的起点，是贯穿理论研究的主线，不提出问题就不可能解答问题，更不可能实现理论发展与创新。“只要一门科学分支能提出大量的问题，它就充满生命力，而问题的缺乏则预示着独立发展的衰亡和终止。”[①] 因而，思想政治教育理论研究的首要任务就是提出问题。正如马克思所指出那样：“一个时代的迫切问题，有着和任何在内容上有根据的，因而也是合理的问题共同的命运：主要的困难不是答案，而是问题。因此，真正的批判要分析的不是答案，而是问题……每个问题只要已成为现实的问题，就能得到答案。”[②] 围绕问题展开教学和研究，以问题推动教学研究，是思想政治教育理论教学研究推陈出新的基本图谱，也是理论研究充满活力、彰显魅力的内在机制。可见，问题对于思想政治教育理论研究具有前提性的地位和意义。只有直击问题，不断提出问题，思想政治教育理论研究才能持续地保有和展示其应有的魅力，才能持续地内生理论创新的动力。

二、问题意识的培育

在不少情况下，一些研究者往往把自己关注的“主题”看作研究的“问题”，或者说把自己的研究“领域”或研究“范围”视为要研究的“问题”。而事实上，思想政治教育作为一项特殊的社会实践活动，它需要解决的是以问题形式表现出来的矛盾，包括人们认识活动中主观与客观的矛盾、社会实践活动中思想与行动的矛盾、价值实现活动中需要与满足的矛盾。“哪里有没有解决的矛盾，哪里就有问题。”[③] 由此，我们可以将思想政治教育理论研究要研究的问题界定为人们意识到的、需要探究和解决的思想政治教育实践中的矛盾和疑难。它既可能产生于思想政治教育实践，也可能归因于思想政治教育理论与实践的脱节或疏离。这里需要特别强调的是，我们所说的问题是“真问题”，而非“伪问题”“假问题”。所谓“真问题”，是指思想政治教育实践中实际存在的具有研究价值和意义并在实践中能够找到例证的问题。所谓“伪问题”“假问题”，是指一些研究者在书斋中主观臆想出来的或者根本“无解”的问题。或者不言自明的问题，这类问题原无价值也无意义，根本用不着去研究。

对问题的研究往往蕴含着研究者较为强烈的责任感、使命感，凸显着研究者鲜明的问题意识。以现有的思想政治教育理论主动审视、观照思想政治教育实践或者在实践中反思理论自身，自觉准确地发现、提出、分析、解决实践中的问题，就是本文要讨论的思想政治教育理论中的问题意识，这是思想政治教育理论研究必须具备的自觉意识和思维品质。问题意识一般表现为发问、运用理论解决问题的实践、总结经验、再实践、再发问的逻辑过程，这是一个具有强烈的实践性和目的性的循环过程。要求思想政治教育理论研究应在拓展思想政治教育实践的“问题域”与回答实践不断提出的问题张力结构中与时俱进地发展与创新。

---

① 林定夷．问题和科学研究．广州：中山大学出版社，2006：2.

② 马克思恩格斯全集：第1卷．北京：人民出版社，1995：203.

③ 毛泽东选集：第3卷．北京：人民出版社，1991：839.

结合前文对问题的分析，我们可以看出，问题意识具有 4 个显著特征：一是客观性。问题意识根源于客观的思想政治教育实践，而非研究者的主观臆想。二是自觉性。问题意识不是被动地关注问题，而是自觉地为了引领实践或反思自身发展而关注问题。三是前瞻性。问题意识实际上也是一种前瞻意识，不仅现实地思考当下的问题，而且做出前瞻性的思考和探究。四是可转化性。问题意识能够转化为解决实践问题的实践能力，当然这离不开理论研究成果的推动。正是这些特征奠定了问题意识在思想政治教育理论中的重要地位和意义。

从思想政治教育理论研究的历史和现实来看，发现和提出问题，分析和解决问题，就能在引领实践的过程中勇于开展理论探究，这样的思想政治教育才能根据实践的发展变化获得进展，在推动和引领实践的过程中获得更深层次发展的动力和养分。从思想政治教育理论研究本身来看，具有问题意识，才能有理论上的聚焦，才能在理论上形成对问题的关注，才能克服思想政治教育的平面化、重复化的问题，才能摆脱思想政治教育和理论研究“解题低效”的困境。换言之，思想政治教育活动和理论研究的过程，就是一个不断提出问题、不断回应问题、不断解决问题的过程，就是一个问题意识不断产生和强化的过程。

三、基于问题学习模式的构建

（一）思想政治教育的问题意识和学科体系意识之间的关系

思想政治教育理论研究的最终目的是为了指导实践，推动实践的发展。但多年来，随着思想政治教育“学科化”“体系化”建设进程的加快，思想政治教育理论研究却“在助益于思想政治教育实践发展方面、在解答思想政治教育面临的重大理论和现实问题方面，客观地表现出一定程度上的乏力”，甚至在一些方面明显落后于生动发展的思想政治教育实践，以致引来不少批评甚至非议。虽然有些声音确实是基于对思想政治教育学科和理论研究成果的不了解，甚至是偏见，但思想政治教育理论研究中，问题意识日趋淡薄的事实却不得不引起我们的重视。

在思想政治教育理论研究中，与问题意识相对应的是学科体系意识。学科体系意识遵循的是演绎逻辑，注重从学理的角度考虑学科的需要，以学科体系的起始概念为研究起点，由这些概念再演绎出其他的概念，以概念与概念、范畴与范畴之间的逻辑关系来构思理论研究。问题意识则遵循的是归纳的逻辑，注重从实践的角度考虑学科的需要，以发现和提出实践中的问题为研究起点，讨论本学科应予以关注和解决的问题，以发现问题和解决问题来展开理论研究。前者以学科为本位，强调学科的规范性，重视理论体系的整体性和严密性，后者则以问题为本位，强调具体问题的解决，关注理论对实践的价值和意义。本来，二者对于思想政治教育理论研究和学科建设的作用都是不可替代的，但在近年来的科研实践中，不少研究者过于强调学科体系意识，无视鲜活的实践，片面、固执地从概念、范畴以及它们的逻辑关系中去构思学科体系，并乐此不疲。客观地看，在思想政治教育学科化建设阶段起步之初，对本学科从概念与基本理论分析框架的反复审视是必需的，更是必要的，对促进思想政治教育学科成为一个单独的研究领域，具有十分重要的意义。可若长此以往地自我羁绊甚至形成一种研究风格，"将使思想政治教育理论研究面临着日趋闭守甚至僵硬的危机，其重要表现便是当前思想政治教育理论研究中复杂概念的不断增多、论证的日趋烦琐、成果的日趋深奥以及内容的重复。"① 对某些概念和结论本身加以强调和重复，提不出有现实意义的问题，就不容易有所深入和突破，无论是对于推动理论发展，还是对于引领实践发展都是有损无益的。

思想政治教育是一门现实性、实践性很强的学科，思想政治教育理论教学和研究断不能游离于实践之外，失去对思想政治教育实践独特矛盾的感知、理解和把握。上述所强调理论研究中所暴露的问题，应引起我们足够的重视并尽快扭转。研究成果空洞无物、晦涩难懂，即便出版或发表，要么只是本领域内的"流通品"，要么只能束之高阁、装点门面，甚或是研究者本人独自欣赏的私货，基本与发展变化的思想政治教育实践无缘。现实是，部分研究者固守学科体系意识，使得研究成果"不出问题、止步于形式而将思想政治教育学实质上演化为修辞写作之学，回避社会现实、躲进概念而将思想政治教育实质上演化为空洞玄学"②，从而也彻底远离了实践对理论研究的期待，无法发挥研究在思想政治教育实践中的引导和服务功能。

从根本上讲，构建理论体系和研究实践问题是相辅相成的，对实践问题的研究有利于理论体系的不断完善、理论体系的完整构建有助于对实践问题的深入认识、理解和解决。剖析片面坚持学科体系意识而导致思想政治教育理论研究存在缺陷，并不是要指责在探索思想政治教育学科体系构建过程中的种种尝试和努力，而是旨在强调对思想政治教育这门新兴的应用型学科来说，问题意识是理论研究持续取得发展的突破口和着力点，在新的历史条件下，要进一步强化问题意识，通过问题研究、问题探索和问题破解，不断推进思想政治教育学科体系的完善。

（二）思想政治教育的问题意识和理论研究之间的关系

强调问题意识，目的是以思想政治教育实践发展为研究指向，引导理论研究获得与时俱进的提升，思想政治教育理论研究的问题意识应以特有的品性来进行思考，既要对既有成果进行批判审视，又要对理论自身进行前瞻追问，更为重要的是要对现实生活中的新情况、新问题进行深层反思。

---

①② 沈壮海．论思想政治教育理论研究的新范式与新形态．思想理论教育导刊，2007（2）．

1. 批判地审视思想政治教育理论研究

所谓批判地审视，是指要求研究者批判地检讨理论研究中的问题，反思理论研究与实践脱节、疏离的不良倾向，以追求理论研究的理想境界。批判精神是形成问题意识的关键，没有怀疑、质疑很难有问题的产生。对前人的研究成果包括权威人士构造的理论体系或原理方法，要敢于质疑，善于以实践为标准进行新的检验和论证，不合时宜的论断应该予以抛弃，有错误或有缺憾之处应及时予以纠正和弥补，这样才能不断在对问题的聚焦和关注中，推动理论研究的创新发展。

在理论研究中，不少研究者感慨没有恰当的议题可论甚至无题可选，好像思想政治教育领域需要研究的课题都已经被人悉数涉及、诸多问题都已被充分探讨，再无研究的必要和可拓展的问题空间，这正是缺少批判精神的表现。在思想政治教育理论研究中具备批判精神，问题自然就不难发现，甚至可以说信手拈来，即便是在别人习以为常之处，仍能发现和提出有价值、有意义的问题。在批判中发现问题，在批判中拓展问题，离开了研究者的批判精神，就谈不上思想政治教育理论研究的问题意识。

2. 现实地思考思想政治教育研究

“问题在任何时候都只能是被意识到了的存在，而人们的存在就是他们的实际生活过程”[①]。“问题就是公开的、无畏的、左右一切个人的时代声音。问题就是时代的口号，是它表现自己精神状态的最实际的呼声”[②]。任何一个开放的发展的社会科学理论，都是源于对人类实际生活过程中不断产生的时代问题的创造性的能动反映，在空前的社会变革中，问题层出不穷，谁能积极主动地发现问题、提出问题、解答问题，谁就站在理论探索的前沿，创造最新理论成果，问题意识源于现实，在现实生活中，错综复杂的问题常常集合在一起，形成一个个问题群，现实无疑是思想政治教育中的源头活水，回避社会现实的冥思苦想是断不能发现和提出问题的。问题意识不但源于现实，更受制于现实，问题的提出及其破解总是受现实的制约。无论研究者如何长篇大论，也只是提出人们实际生活过程中的问题，问题的破解也只能是在现实和时代条件所允许的范围内。凭空想象、任意捏造的没有任何现实依据的问题是没有研究价值的，其问题的破解之法也必然是毫无意义的。

理论创立的真正动力来自历史条件本身，来自每个时代所特有的尖锐矛盾，这种矛盾在理论形态上表现为问题及时代要求。立足于现实、关注现实、回应现实，无疑是强化思想政治教育教学实践和理论研究中问题意识的关键与灵魂。理论研究只有回应实际生活过程的深层次需要，号准时代脉搏，才有实践价值。判

① 马克思恩格斯全集：第3卷．北京：人民出版社，1960：29.

② 马克思恩格斯全集：第40卷．北京：人民出版社，1982：289－290.

断理论教学和研究成果的价值，最主要的是看其对现实需要的关切程度。

3. 前瞻性地推进思想政治教育理论研究

思想政治教育理论研究固然要立足于当下的历史方位，关注现实、紧扣现实，以解决实践存在的问题为出发点和落脚点，但作为以推动实践发展为己任的理论教学和研究，应当现实地思考问题，但又不能拘泥于现实和实践，关注现实但决不能止步于现实。也就是说，思想政治教育理论研究既要提出和解决现实问题，又要具有超前性和先导作用。理论是行动的先导，所谓前瞻地推进理论研究就是基于思想政治教育实践发展的需要，进行符合规律的预测、推断和指导，消除思想政治教育实践的盲动，避免不必要的挫折和失败，这既是理论研究的基本特征，也是理论研究的魅力所在。

真正的问题意识是前瞻性的，在对现实实践的考察中，彰显、蕴含着思想政治教育理论教学和研究的实践导向和价值追求。思想政治教育理论的发展，正是在对现实问题的不断超越中开辟境界的。前瞻地解决问题，要求在解决问题的同时，使受教育者的思想认识超越现有水平。这自然要求具有前瞻性的理论来指导，从而洞见和昭示更为久远的未来，使思想政治教育实践更具预见性、科学性。思想政治教育理论研究应当通过螺旋式的发问和应答去反复追问带有普遍性、根本性的问题，应当在对现实问题的深刻思考中昭示未来。

（三）在思想政治教育活动中转换思维方式

长期以来，在传统主客二分思维方式的作用下，人们在思想政治教育的实际活动中普遍采取的是如下一种思路：它一般不是遵循“从教育对象本身需要”出发去发现问题、实施教育，而是习惯按照“社会主体的要求，把教育对象单纯视作教育客体”这种思维方式去看待问题，开展教育。在这里，作为思想政治教育实践活动出发点的思维，通常并不来自于教育对象本身，而是在教育活动开展之前就大多已经设定好了，也就是说，已经形成了一定的“思维定式”，它们一般主要来自 4 个方面：一是长期以来在我国意识形态领域内占主导地位的传统马克思主义哲学观使人们在头脑中形成的思维认知（如人类社会发展的自然历史过程决定论、人的本质的社会唯一规定性等）；二是贯彻执行国家制定的重大方针、政策和导向的思维观念；三是落实上级下达的目标、指示与任务的思维程序；四是遵从本单位或上级单位以往的传统经验及做法的思维导向。

当然，这里绝不是要否认在思想政治教育活动中突出社会化需要的必要性和合理性。事实上，鉴于思想政治教育作为一种特殊的教育形式，在现实社会生活中具有担负社会教化、规范导向和激励示范等功能的重要影响，以及持续发展它在宏观社会政治建构中的生命力、感召力和说服力的必要，从一定的社会需要和政治背景出发，是思想政治教育自身价值内涵中所不可或缺的问题中应有之义。它在以往历史发展中表现出来的巨大的促进作用即是有力的证明。然而，这种施教方式不应被无限制扩展下去，即对于专业的思想政治教育研究者，特别是专门从事思想政治教育活动的工作者来说，不应仅仅是从社会化需要这种思维角度去发现问题、提出问题和解决问题，甚至使之成为思想政治教育活动中的唯一方式。实际上，随着时代的发展和人的自我意识的提高，它的局限性与它的合理性一样是很明显的。长期以来对于思想政治教育的理解由于过于强调它对社会需要的关照，已经出现了人们所说的，思想政治教育不能“深入人心、触及灵魂、引起共鸣”等现实问题。追本溯源，这种情况与这种施教方式不无关系，直接影响到了思想政治教育有效性的发挥。

为了不断加强和改进思想政治教育，需要在教育活动中转换思维方式采取另一种思路，即教育者开展思想政治教育活动要以教育对象为本位，从现实的个人出发，先对其社会阶层来源、个人成长经历、家庭生活背景、知识文化水平、道德价值取向、心理承受能力、工作学习环境以及最新思想动态等多个方面一一进行详细了解、梳理、分析与考察，并在此基础上，以马克思的哲学、人学思维方式为指导，根据当今国家方针政策与导向，结合上级下达的目标、指示与任务以及在关注当前人们生存与发展需要的基础上，传承我党优良传统与经验做法，有针对性地制定教育目标、选择教育内容、采取教育手段、开展教育活动，从而凸显并体现出思想政治教育的社会价值与人文关怀功能。这样一种教育思路的形成，正是基于对传统思想政治教育的主客二分的思维方式的根本性变革，树立主体间性的思维方式。因此，我们说，在思想政治教育中树立问题意识，根本的就是要变革传统的主客二分的思维方式为主体间性的思维方式。

胡锦涛同志曾提出“坚持以人为本，树立全面、协调、可持续的发展观，促进经济社会和人的全面发展”。“人”的重要性已经引起了越来越多的关注，而对“人”的研究也已获得越来越多的重视。从时代的新视角多方面地消解思想政治教育中传统主客二分的思维方式，必然会使问题意识成为实现思想政治教育创新发展的新思路。

第二节　社会服务学习模式

“服务学习”作为一种新型的学习模式，源于 20 世纪 80 年代的美国，近年来发展迅速，引起世界上一些国家和地区的广泛参与。志愿服务作为服务学习的主要形式之一，以在校大学生为参与主体，经过近几年的快速发展，已成为高校社会实践的一种重要形式，在高校思想政治教育开展中不可或缺。将服务学习模式引入高校思想政治教育，一方面有利于我国高校志愿服务实践的研究，另一方面为高校开展思想政治教育提供了一种新途径。

一、社会服务学习的内涵

服务学习是将服务与学习相融合的教学方式，从广义上讲，学生所参与的一切对其知识、能力、品德产生影响的活动都可视为服务学习。但从严格意义上来说，服务学习更注重服务与系统化的学习紧密联系，即通过服务实践与知识理论学习的相互融合来丰富学生的知识，完善学生的品格，提高学生的技能和公民能力。这一过程中，服务与学习密不可分，学习与服务并重是服务学习的主要特征。

服务性学习起源于20世纪杜威提出的“从做中学”的思想，但此术语首次被提出是罗伯特·西格蒙（Robert Sigmon）和威廉·拉姆西（William Ramsey）在1967年美国南部地区教育会议上。到80年代中后期，美国兴起了声势浩大的高等教育改革运动，为了实现高等教育旨在培养创新人才的目标，美国高校普遍采取了服务性学习作为创新措施之一。在最近的十几年虽然服务性学习在美国迅速发展，但是到目前为止仍没有一个被学界公认的定义。不同的学者、不同的组织分别从不同的角度对服务性教育的内涵进行了具体解释。例如，马里兰大学负责社区服务的雅克比（Barbara Jacoby）曾指出：“服务性学习是经验教育的一种形式，学生通过参加旨在满足人们和社区需要并为学生的学习精心安排的结构性机会活动而得到发展。反思性和交互性是服务性学习的核心概念。”1993年美国服务行动（Service Action）组织提出：“服务性学习指的是一种方法，通过学校和社会的合作，将提供给社会的服务与课程联系起来，学生参与到有组织的服务行动中以满足社会需求并培养社会责任感，同时在其中学习以获得知识和技能，提高与同伴和其他社会成员合作分析、评价及解决问题的能力。”将服务性学习定义为：“服务性学习是传授公民意识、学科知识、技能和价值观的方法，是一种主动学习方法，学生从服务工作的经验中获取经验和教训。”美国高等教育协会（Aerican Association for Higher Education）在其系列丛书《学科中的服务性学习》中指出：“服务性学习是学生通过精心组织的服务进行学习并获得发展的一种方法，这种服务要满足社区的需要，与高等教育机构和社区协调安排，帮助形成学生的公民责任感。它必须与学生的学术课程整合强化学术课程，并安排结构性的时间让学生来反思服务经验。”美国高等教育协会虽然每种概念在表述上都有差异，但所涉及的本质却是相同的，强调学生的主体地位，要求学生积极参与，学术学习与社区服务相结合，使教学从课内走向课外，从校内走向校外，既要求学生本身的知识和技能得到提高，又要求受服务者能得到帮助，是一种实践性学习，需要学校与社区、社会的有效沟通与交流，使学生在服务性学习的过程中不断进行自我反思，增强社会责任感和公民意识，树立正确的价值观。

从上面的阐述中我们可以知道，服务性学习与社区服务有密切的关系。然而二者又是有区别的。社区服务重在公益性，这种活动与教学、课程没有任何直接的联系，也不需要学生事后进行自我反思、讨论等，而服务性学习既是一种公益活动，更是一种实践教学方法，它的核心是课程、服务与反思的结合，它的服务活动是精心组织的，有明确的学习目标，重在使学生在服务过程中把在学校学的知识运用到实践中去，并对所做所见进行反思，以巩固加强所学知识。

二、社会服务学习的思想政治教育功能

当前高校思想政治教育取得的成果有目共睹，然而伴随着社会多元化发展和高等教育普及化的趋势，高校思想政治教育在实施过程中暴露出许多问题。为实现高校思想政治教育的有效性，高校思想政治教育必须开辟新的途径。随着我国社会的发展，志愿服务成为大学生参与和实践公民责任的新方式，成为思想政治教育有效的途径。因此，高校思想政治教育提倡社会服务学习模式。

（一）符合高等教育的社会职能的基本要求

高等教育的本质属性决定了高等教育具有重要的社会职能。长期以来，服务社会作为高等教育社会职能的基本要求颇受关注。服务学习注重在将服务寓于学习、将学习寓于服务、将志愿服务与学生思想教育相结合，促使育人和服务社会两方面的作用得到最大限度的发挥。

（二）迎合高校思想政治教育创新的新要求

高等教育的普及化使得大学功能发生显著的变化，使当前高校思想政治教育面临更多挑战。因此高校思想政治教育必须联系实际，以解决学习强调教育走向社会，提升大学生道德思维能力和道德践行能力，注重资源整合，有利于获得社会支持，扩大思想政治教育覆盖面。

（三）益于社会实践志愿服务活动的长期发展

社会实践是大学生思想政治教育不可缺少的重要一环，有利于高校学生全方位发展。社会实践志愿服务作为高校思想政治教育的重要途径之一，服务学习模式的引入是对社会实践志愿服务长期发展的一种补充。

三、社会服务学习模式构建

（一）高校思想政治教育服务学习模式

高校思想政治教育活动的开展主要有两种方法，分别是在第一课堂进行授课和在第二课堂的日常思想政治教育工作中开展课外活动。在高校思想政治教育中引入服务学习的模式是将服务学习分别与两种通道形式相融合。

1. 思想政治教育课堂教学与志愿服务相融合

高校思想政治教育主要采取的授课方式是融服务学习于第一课堂的思想政治教育中，要求学生根据课程学习内容参与一定社会实践服务，实现理论的内化与外化，通过课程学习与社会服务的整合实现思想政治教育的有效性。值得注意的是，思想政治教育服务学习应着重与高校思想政治教育理论课相结合，改变以往高校思想政治教育理论课单纯说教的形式，使学生学会将理论应用于实践中，学会思考与反思，达到教书育人的目的。

2. 志愿服务活动和有组织的思想政治学习活动相融合

高校思想政治教育也广泛开展于第二课堂的日常思想政治教育工作中，高校有计划、有组织地将志愿服务活动与思想政治学习相结合，即在学校有关政策和规范的指导下，由相关部门或学生自己对服务活动进行设计、策划与组织实施。区别于一般的实践活动，服务学习活动必须有学校配备或学生邀请的指导教师对学生进行培训与监督，并引导学生反思，给予学生评价。

（二）高校思想政治教育服务学习模式开展的具体要求

1. 推动服务学习的环境建设，为思想政治教育创造良好的环境

为了高校思想政治教育服务学习模式的顺利发展，必须克服现实中存在的诸多困难，创造优良的外部环境。优化高校思想政治教育的外部环境需要多方资源注入和支持，离不开政府的重视和社会的支持，离不开学校教育观念的更新，更离不开三方共同的协调和努力。

2. 理清服务学习的发展规划，为思想政治教育提供正确的目标

指导服务学习模式的开展是一个长期艰巨的过程，所以应对高校思想政治教育服务学习活动进行科学的规划。高校思想政治教育在加强服务学习理论研究奠定发展基础后，要整合各方力量，努力创造具有自己特色的高校思想政治教育服务课程，逐步实现高校思想政治教育的目标。

3. 明确服务学习的前进方向，为思想政治教育提供正确的发展方向

伴随着高校思想政治教育服务学习环境的改善和规范的合理化，高校的思想政治教育服务学习模式应该努力适应各方面的需求，向组织合理化、制度规范化、活动广泛化的总趋势发展。当前，高校思想政治教育服务学习模式才刚刚起步，缺少合理的规章制度，许多问题都需要规范化的制度来解决。在合理的规范指导下，高校应进行科学化的组织，实现高校思想政治教育服务学习活动的社会化。

（三）高校思想政治教育开展服务学习的程序

在思想政治教育服务学习中，要发挥社会大环境的积极影响作用，学生主动掌握学习，培养集体价值观，最终完成教学和学习目标。依托具体的思想政治教育课程，开展服务学习，是服务学习的一种形式之一。具体步骤如下：

1. 建立大学生思想政治教育教学与管理督导团队

可由课程专业教师、课程助教、经过服务学习专门训练的学生辅导员担任。由教学与管理督导团队和学生一起根据学习的需要和现实状况，制定思想政治教育目标和课程，评估服务机构的需求和资源，对服务机构需要学生解决什么问题，学生能为机构解决的问题等方面进行洽谈，了解服务机构的整体概况，写出相应的活动方案。

2. 组建服务团队

团队成员为参加课程的学生，目前大学生思想政治教育课一般由几个班的学生组成，人员组成较为复杂，但也提供跨学科互动的机会。在课程上导入服务学习，展示服务项目，由学生自行组队，选择服务项目，并制定团队契约，以确保学生能如实自觉完成服务项目，运用团队动力杜绝“搭便车”现象。

3. 制订初步计划

学生在选定服务项目与服务机构后，根据课程学习要求与服务机构要求，制订详细的活动计划。例如，社区需要救助人员的思想政治教育项目计划、关爱留守儿童项目计划等。

4. 寻求必要的资金和资源

若学校、思想政治教育课题组或服务机构能提供专项资金则更好，但也可以鼓励学生自行申请相关课题经费或者寻求相关部门的资金与资源支持，比如社区总工会的支持、相关社区与行政部门的支持。

5. 实施和调整活动方案

学生具体执行服务学习项目方案，根据服务对象不同时期的特点进行调整，一般要求服务学习持续时间至少为一个学期，学生遇到困难，团队先自行讨论解决，后寻求督导、服务机构工作人员的支持。

6. 组织反思活动

以课程上课频率为单位，每次上课，教师预留一段时间给每个组上台展示他们的服务内容、体验与成果，并对服务学习进行反思，在班级里讨论。学生可以设疑答疑。每次活动后每组提交一份服务学习反思总结。

7. 评估和评价服务计划

思想政治教育服务学习后，学生要组织服务学习成果展。可在课堂上采取多媒体展示的形式，也可以制作成录像影评或图片展，最终由教师对学生学习进行过程性评价和总结性评价，而不再单纯是考察条条框框的记忆力，采用多重的评价标准与360°评价方式。

当前，大学生思想道德失范引起了社会各界的巨大关注，产生此现象的一个重要原因就是目前思想政治教育与生活缺少联系。服务学习的开展使整个社会正在变成一个“正在建构中的教室”，学习实现空间的跨越，不再局限于教室与学校，社会为学生提供了丰富的学习资料。学生们在参与服务性活动的过程中一方面内化道德理念与行为规范，另一方面服务社会。这对提高学生的社会责任感和公民意识以及促进社会和谐将起到巨大的作用。这也正与中国提出的“提高公民素质构建和谐社会”的口号相一致。大学生思想政治教育内容和形式要紧跟时代发展，与社会保持对话，才能适应社会的发展。大学生思想政治教育课程开展服务学生，学生不仅能习得课程知识、提高实践能力，而且能建构与自身相适应的知识与能力体系。这一过程的实现需要一个有效的服务平台，所以要积极开发、利用与整合社会教育资源，了解课堂子系统与外部世界的关系，也丰富和发展马克思主义的辩证法和认识论。

首先，加强思想政治教育服务学习的管理体制建设是整合资源的保障。在建设教学服务督导团队上，应争取学校领导的支持，保证团队成员接受系统的服务学习督导的培训，选拔有责任感的专业督导人员，最好配备一名社会工作或心理学背景的教师作为团队的成员，以便能够及时发现和了解学生在课程服务学习中遇到的困难，协助学生应对新问题时产生的畏难情绪，在组织学生反思上更能与服务学习的宣传理念相契合。

其次，强化校园文化建设，加大对服务学习的宣传力度。校园活动是学生接受思想政治教育有效的第二课堂，可以联合学生社团总会，开展一系列的宣传活动，让学生了解服务学习、创建合作服务的氛围，可以采取的形式如海报、展板、情景剧等。

最后，重视校企合作，寻求相关部门的资金、场地等支持，建立相应的实践基地是服务学习能够长效发展的支撑。服务学习的教学程序就是把服务过程导向的服务行动与模块化课程模式学科体系结合，在与课程相关的服务行动领域中导出学习领域课程。思想政治教育课程的学习最终要回归到学生自身成长和服务社会的实践中，通过校外实践平台，加强学校与社会相联结，实现教学与现实的有机结合，开创大学生思想政治教育服务学习专业化、社会化的新局面。

第三节　校园文化教育模式

校园文化是校园环境的核心内容，作为一种社会现象，在我国的古代教育中就已经出现。但“校园文化”概念的正式提出并形成一股文化热潮，则始于 20 世纪 80 年代末和 90 年代初的校园。自此，校园文化迅速发展为自觉、稳定而有组织的文化阵地。

校园文化具有重要的育人功能。它既有显性的诸如教育目标和课程的文化，也有来自教育作用的潜在文化，诸如学生的交友关系、师生的信赖关系、学校与班级的氛围等对学生人格形成的影响，即“隐性课程”对于学生发展的作用。美国课程专家杰克逊（P・W・Jackson）曾从课程论的角度对校园文化的影响进行研究，认为在学校、班级中促进学生社会化的非学术性经验构成了“隐性课程”，可以说，学校的校风和个性更强烈地体现在“隐性课程”中。尽管学校环境不是显性的课程资源，而是作为隐性课程发挥作用，但对学生的影响是潜移默化的、长久而深远的。

高校校园文化是一种特殊的社会文化现象：它是以中国特色社会主义文化为根基，以学校文化活动为主体，由全校师生员工共同创造的、充满时代气息和校园特点的人文氛围。它的具体表现形式有两部分，一部分是包含校园环境、建筑、图书、设备、社团等在内的硬件部分，另一部分是由各种规章制度和校训、校风、教风、学风、生活方式、心灵、性格、审美倾向及校园文化活动等组成的软件部分。良好的校园文化是一种重要的教育力量，它以某种特有的潜在作用影响着大学生的思想品德和心理素质，是高等学校渗透思想政治教育的一条重要途径。

一、校园文化与大学生思想成长的关系

校园文化是由学生根据自己的兴趣、爱好自发组织起来的，在学校有关部门管理和引导下的群体性文化。它为学校营造了特有的文化氛围，弥补了课堂教学的不足。加强校园文化建设，营造良好的育人环境，是促进大学生早日成才的重要途径。良好的校园文化对大学生成才具有以下一些作用。

（一）良好的校园文化有利于大学生提高自我教育和自我管理能力

良好的校园文化能够促进大学生思想道德素质的发展。思想道德素质居于人才素质之首。我国高校具有重视思想道德建设的优良传统，以校园文化活动作为载体，发挥学生自我教育能力，从而提高大学生的思想道德素质。让大学生在思想政治教育中由被动变为主动、由客体转为主体，充分发挥校园文化的寓教于乐功能，提高其对思想政治教育内容的兴趣。譬如，在校园文化活动中组织、建立马克思主义学习研究会和邓小平理论学习研究会。这些组织把专业相近、爱好相近的同学组织起来，使之互相影响，互帮互学。在这种组织中，同学们变成学习的主体，提高了学生的积极性。

除此之外，同学们还可以开展以爱国主义、形势政策、职业道德等为内容的知识讲座、形势报告会、专题研讨会等自我教育活动，引发学生对思想政治教育内容的兴趣，从而培养其高尚的思想境界，树立其正确的世界观、人生观和价值观。校园文化活动这些形式，作为大学生思想政治理论课的深化补充，充分增强了学生的自我教育能力，有效地提高了学生的总素质。

（二）良好的校园文化有利于大学生个性的全面发展

良好的校园文化赋予大学生一种文化意识。学生通过参加校园文化活动，置

身于校园文化浓郁的氛围中，潜移默化中受到熏陶和影响。在不知不觉中形成一种文化意识和文化品格，人们之所以希望到高等学校去深造，是与那里所特有的文化氛围分不开的。校园文化是实现大学教育目标的重要途径之一，从某种意义上讲，它甚至比一般的课程学习更重要。

德国教育家贝尔认为“名副其实的教育在本质上就是品格教育”，塑造人格远比传授知识和技能更重要。在大学校园这个学校与社会接轨的实践环境里，学生们摆脱了单纯受教育的地位，转而以自我为主体，在教育与自我教育中进行自我塑造，实现个性的全面发展和个体的社会化。积极参与校园文化活动，有利于大学生组织能力和管理能力的提高，能够发展学生兴趣，拓宽学生知识面，培养学生组织管理能力、演说写作能力、自主自律能力和创新创造能力等综合技能。校园是学生受教育的场所，更是锻炼学生的试练场，学生通过亲身参与高校有目的组织的一系列活动，不仅可以陶冶他们的情操，增长知识，更能起到锻炼学生的作用。学生的自我组织、自我管理，就是对他们能力的检验锻炼，为他们走向社会和服务于社会奠定基础。

（三）良好的校园文化有利于大学生思想政治教育目标的实现

人际关系是一种以个性为基础，反映个人情感和行为的不同个体之间的关系。人际关系的好坏，直接影响着人的心理状态，影响着一个人能否接受社会的教化，形成社会所期望的品格，成为一个社会人。和睦的人际关系，体现了人们对自己与他人的社会关系本质的理想状态的理解和追求。在社会主义条件下，和睦的人际关系是实现个人自身发展的基本途径，是感受自我存在的价值、提升自己精神境界、顺利适应社会的途径。对社会来说，是形成良好的社会风尚的保证。在人际关系好的群体中，人们会受到健康、向上、积极进取、正义等思想和作风的感染，道德品质得到陶冶，坏的意志、行为受到抑制，不健康的风气得以克服，坏的成分被改造，有利于人们在互敬互爱的相互关系中提高思想境界，净化精神，使群体充满生机和活力。因此，在校园中努力培养师生对人真诚坦率、谦虚宽厚、关心体贴他人、主动交往、合群等良好的交往品质，才能在师生之间、同事之间、邻里之间形成团结互助、平等友爱、共同前进的人际关系，这不仅有利于师生的心理健康，对学业良好品德的形成也将有积极的推动作用。因此，良好的校园文化有助于形成和睦的人际关系。帮助学生克服心理障碍，保持良好的心理健康状态，从而保证大学生思想政治教育目标的实现。

（四）良好的校园文化有助于大学生创新意识和创新能力的培养

校园文化在各高校中呈现出多样性，表现形式更是丰富多彩，如各高校举办的科技文化节、文艺活动、体育竞赛等。此外，网络文化的发展已经极大地丰富了大学校园文化，并使学生的个性特征更加明显，这对高校人才培养的途径也产生了不可低估的影响。以课堂为中心的教育方式逐渐弱化，代之以学生为中心、以实践为中心的现代教育方式。创新意识已成为校园文化的重要特征。目前很多高校都在努力营造浓厚的学术氛围，为学生提供发表学术见解的平台，以培养学生的学术创新能力。

多种形式、丰富多彩的校园文化活动有利于挖掘潜力、培养创新能力、增长才干、造就人才。在活动中放手发动学生，积极扩大参与面，充分调动学生干部的积极性和创造性，让学生大胆工作。学生开始自觉地约束自己的行为，有意识地加强自身修养，经过锻炼的学生干部开始勇挑重担，敢于工作，成为学生自我管理队伍中的一支重要力量。总之，良好的校园文化有助于大学生创新意识和创新能力的培养，促进大学生早日成才。

二、校园文化教育的基本原则

社会主义市场经济体制的建立，迫切要求我国的高等教育采取相应的改革，使校园文化功能日趋完善，形成大学校园文化的新格局，促进大学生全面、健康、和谐地发展。校园文化建设是一项系统工程，校园是大学生思想政治教育的重要阵地，是大学课堂教育的有益补充和延伸。新形势下加强大学生思想政治教育必须充分利用校园文化这一有效途径，坚持校园文化建设的原则，探索校园文化建设的规律，努力开创校园文化建设的新局面。要发挥校园文化的育人功能，必须坚持校园文化建设的基本原则。

（一）主导性原则

校园文化建设必须始终坚持社会主义意识形态的主导地位，坚持马克思列宁主义、毛泽东思想、邓小平理论和“三个代表”重要思想及科学发展观习近平新时代中国特色社会主义思想的指导地位，坚持党的基本路线和基本方针，坚持先进文化的前进方向，坚持社会主义价值取向，坚持用科学理论武装师生头脑，坚决抵制腐朽文化侵蚀大学校园，为大学生思想政治教育营造良好的校园文化氛围。

（二）系统性原则

校园文化是一个复杂的、开放的、多元并存的系统，具有整体性、结构性、层次性和开放性的系统特征。良好的校园文化要进行整体设计规划，使校园文化建设有目的、有计划、有组织。具体来讲应该从学生文化到教职工文化、从物质文化到精神文化，从课内文化到课余文化，从通俗文化到高雅文化，从学习区文化到生活区文化统筹考虑、整体设计，以达到整体优化的功能。

（三）自主性原则

校园活动特别是学生科研及课外活动应尽量由大学生自己独立组织、安排，充分尊重他们的创造精神，培养他们自我教育、自我管理、自我服务的能力。

（四）教育性原则

开展校园文化活动是一种潜移默化的思想政治教育，应真正寓教育于各类活动之中，全员参与、全方位构建。校园文化是对青年学生进行素质教育的有效途径，在组织学生开展校园文化活动中必须注意其知识性、趣味性、科学性。

（五）创新性原则

文化的核心和生命在于创新，校园文化也不例外。校园文化建设必须不断更新思想政治教育和管理的理念，着力于培养学生的综合素质，特别是培养学生的创新精神和创新能力，激发学生的创新潜力，着力于创新校园硬件和软件环境，只有这样才能使校园文化永葆生机和活力。

三、校园文化建设的实践路径

目前，大学生思想政治教育既面临良好的机遇又面临严峻的挑战，重视校园文化建设势在必行。校园文化重在建设，贵在坚持，与时俱进，难在开拓创新。创新是加强和推进校园文化建设的关键出路。在新世纪新阶段，我们要弘扬求真务实的科学精神，积极探索校园文化建设工作的新思路、新观念、新形式和新方法，努力开创大学生思想政治工作的新局面。

（一）校风建设是校园文化建设的核心

校园文化建设必须为社会主义现代化建设服务，为高校的育人目标服务，着眼于大学生思想政治教育的现状，展现新时期高校的人文精神和大学生积极向上的良好风貌。

校风建设是校园文化建设的核心，校风建设实际上就是学校精神的塑造。一所好的大学，总是能够以其具有代表性的精神影响广大教师和莘莘学子，激励其奋发向上。校风作为构成教育环境独特的因素，体现着一所学校的精神风貌。好的校风具有历史的传承性，大学在其沿革中积累下来的宝贵财富和精神食粮是激励师生孜孜以求的内在动力；好的校风具有深刻“强制性”的感染力，使不符合环境气氛要求的心理和行为时刻感受到一种无形的压力；好的校风对学校成员的心理发展具有保护作用，对不良的心理倾向和行为具有强大的抵御作用，有效地排除各种不良心理和行为的侵蚀和干扰，形成集体成员心理特性最协调的兼容状态。

校风最集中的体现是学风和教风。教风是主导、学风是主体；要抓好校风建设首先必须抓好教风建设（包括工作作风建设），而抓好领导作风建设是抓好教风建设的重中之重。因此，首先，要从领导入手，通过理论学习，统一认识，端正办学方向，树立起“团结协作、勤廉高效”的工作作风，为促进良好校风的建设奠定基础。其次，要开展师德教育活动，并结合形势和文化建设的侧重点充实学习内容，要把学习与学校的实际工作结合起来。通过学习和建设，在教师中树立良好的教风。再次，在学风建设方面，要以爱祖国、爱人民、爱劳动、爱科学、爱社会主义为基本要求，充分发挥爱国主义教育基地的作用，加强团员青年的爱国主义教育，进一步激发团员青年的爱国热情，增强民族自豪感、自信心和责任感，牢固树立建设中国特色社会主义的理想信念。班级开展“创文明班级、树优良班风”为主要内容的创建活动，通过各种载体和形式将社会主义社会所倡导的价值观念、道德规范和行为准则，以启迪、熏陶、感化和塑造等方式潜移默化地引导和规范学生的思想、行为，树立科学的世界观和正确的人生观、价值观，养成良好的道德品质和文明行为。要充分利用专题讲座、学习交流会、图片展、知识竞赛等各种载体开展形式多样、符合学生特点的学习宣传活动，在学生中形成爱党爱国、遵纪守法、尊敬师长、团结互助、勤奋好学、积极向上的良好风气。各高校都应该建设体现社会主义特点、时代特征和学校特色的校园文化，形成优良的校风、教风和学风。

（二）开展丰富多彩的学术、科技、体育、艺术和娱乐活动，寓教育于文化活动之中

高校校园文化建设要根据本校的实际和当代大学生的实际，着重围绕提高大学生文化素质这个中心，开展研究与探索。

首先，实施校园品牌文化。品牌文化代表一所高校的“品位”和整个校园文化的发展水平，体现了时代精神，它在全校师生中参与面广、影响力大。因此，高校校园文化建设要重视品牌文化建设，精心策划与部署，同时投入相应的物力、财力和人力，组织适合本校办学特征的全校性的大型活动，如德育节、科技节、体育节、合唱节等，让其成为学校校园文化的标志，成为实施大学生素质教育的一道亮丽风景线。

其次，激活校园大众文化。校园文化存在于学校全部教育与管理行为之中。要充分利用一切手段，从各个方面丰富师生员工的文化生活。除了组织大型活动之外，还要综合协调教师的业余生活和学生的课外活动，激活大众性生活文化。要针对当前学生活动的实际，探索通过社团文化、班级文化、寝室文化、食堂文化建设，促进学生在较长时期的潜移默化的过程中既增长才干，又接受主旋律文化。同时，要在照顾大多数人的群众性文化活动的基础上，注重从本校学生的实际出发，提升文化活动的档次，如文学创作、科技创作、交响乐欣赏等，努力建设高雅的校园文化。

最后，要善于结合传统节庆日、重大事件和开学典礼、毕业典礼等，开展特色鲜明、吸引力强的主题教育活动。主题教育活动针对性强，具有时尚性和时效

性的特征，容易吸引大学生的注意力，让他们在主动参与中受到“润物细无声”的教育。各省高校都应该大力加强大学生文化素质教育，开展丰富多彩、积极向上的学术、科技、体育、艺术和娱乐活动，把德育与智育、体育有机结合起来，寓教育于文化活动之中。

（三）重视校园人文环境和自然环境建设，完善校园文化活动设施

首先，在校园精神文明建设方面，高等学校要努力做到“三性”：铸就校园精神，突出先进性；加强人文素质，注重时代性；开展丰富多彩的校园文化活动，体现群众性。为加强学生人文素质教育，各高校特别是一些以理工科见长的高校应该对各专业有针对性地开设人文选修课，开设强化班。举办各种形式的人文素质讲座，组织人文精神大讨论。以网络为载体，积极主动、全方位地将学校丰富的思想政治教育内容搬上校园网，积极营造高品位的校园人文环境。

其次，在校园文化物质建设方面，高校要精心设计，科学布局，处理好建筑风格上的传统与现代的关系，实现山水园林、人文景观和自然景观的完美结合，使其既有传统的韵味，又体现时代的气息；根据自身特色，突出深邃的文化底蕴。建设一批先进的基础设施，充分发掘历史文化财富，建造一些富有教育意义的人文景观。为师生读书、思考、探索真知提供良好的物质文化环境。

再次，在校园文化制度建设方面，高校应强化制度建设，保持依法治校，在管理原则上坚持兼容并蓄，有容乃大；在管理方法上坚持收放有度，粗细相宜；在管理制度上不断建立、完善检查防范督促机制。目前国内一些高校相继成立了精神文明建设指导委员会、教职工思想政治工作领导小组、德育工作领导小组等职能机构，加强师生的思想道德建设，坚持以德治校，取得了很好的成效。

（四）加强渠道管理，抵制有害文化

高等学校肩负着科技兴国的历史责任，是培养社会专门人才的摇篮。高校校园文化建设要把全面提高学生素质，培养他们成为社会主义事业的建设者和接班人作为出发点和落脚点。充分发挥校园媒体的喉舌功能和教育功能，积极拓展大学生思想政治教育的新渠道。要注重校园文化的教育性，多引导、少随意，多严谨、少盲目，多积极、少消极。也要注重校园文化的学术性，突出学术氛围，举办各种学术讲座，聘请专家学者介绍学术动态、进行学术咨询、指导学术研究，体现出高校校园文化与其他社会文化的明显不同之处。青年学生的成才意识、科学精神在教育、学术等活动中得到培养，并被不断加以强化。

高校校园文化建设要像对待传统文化那样，敢于和善于吸收西方文化中的优秀成分。一方面要有敢于引进的热情和胆识，对西方文化，不视为异端，承认其优秀成分的优越性，并积极引进和移植；另一方面要有勇于消化的信心和智慧，主动选择西方文化的优秀成分，不满足于仿效，而立足于改造与融合。在纷繁复

杂的西方文化中吸取其优秀成分，需要广大师生具备传统文化基础知识，了解西方文化，以及有扎实的马克思主义修养。因此，要用先进文化尤其是马克思主义武装师生员工的头脑，增强他们的是非观念和选择行为能力。在与西方文化的交流、碰撞中，能运用正确的立场、观点、方法来分析、观察和认识西方学术思潮及各种文化现象，既汲取其精华，又剔除其糟粕。

所有高校都应该加强校报、校内广播、电视和学校出版社的建设，加强哲学、社会科学研讨会、报告会、讲座的管理，决不给错误观点和言论提供传播渠道。坚决抵制各种有害文化和腐朽生活方式对大学生的侵蚀和影响。

第四节　心理疏导模式

思想政治教育的实施是一个复杂的双向互动过程。思想政治教育虽然有一定的共性，诸如政治立场、思想原则、基本理论以及学生相近的年龄、心理结构等。但主要是基于学生的个性而定，必须在了解了学生的真实思想状况的基础上，才能正确实施其教学内容和教学方法。因为人虽然都有共性的一面，但思想政治教育发挥作用的地方恰恰是在人的个性处。每个学生的个性、思想、认识水平、成长环境均有所不同，甚至差异极大，因此他们所需要的思想政治教育也各有不同。要想开展好思想政治教育，必须首先了解学生、认识学生，摸准学生的思想脉搏，才能对症下药。因此，在大学生思想政治教育中，针对个体开展心理健康教育显得尤为重要。

加强大学生心理健康教育，帮助大学生树立心理健康意识，优化心理品质，增强心理调适能力和社会生活的适应能力，预防和缓解心理问题，实现思想政治教育与心理健康教育的有机结合，是实施素质教育的重要举措，是促进大学生全面发展的重要途径和手段，是高校思想政治教育的重要组成部分。心理健康教育是我国改革开放的实践和教育体制改革深化的产物。心理健康教育是教育者运用心理学、教育学、社会学乃至精神医学等多种学科的理论和技术，通过多种途径与方法，培养学生良好的心理素质，充分发挥其心理潜能，从而促进学生整体素质的全面提高与个性的和谐发展。

一、大学生的心理健康状况分析

这几年来，由于社会环境、家庭环境、个人条件等因素的影响，大学生出现心理健康方面问题的比例在上升，大学生心理健康教育引起社会各界的高度重视，这一问题已经成为影响大学生健康成长及高校稳定的突出问题，同时也是大学生思想政治教育中亟待解决的问题。归纳起来，目前在大学生中出现的心理健康问题有以下几种表现。

（一）难以适应新的学习生活环境，无法实现从依赖型向独立型的过渡

大学生从激烈的高考竞争中解放出来进入大学，由于环境的改变，他们中的绝大多数人离开长期依赖的父母和老师，不得不面对新的集体、新的生活方式和学习氛围。面对理想与现实的反差，容易产生失意、压抑、焦虑，甚至会出现神经衰弱症。

（二）不能正确地处理人际关系，造成人际关系紧张

人际关系是大学生心理健康的一个敏感问题，不少大学生常常处于矛盾之中。一方面，有些大学生在老师和同学面前不愿意敞开心扉，自我封闭；另一方面，又迫切希望社会交往，渴望得到理解和支持，表现为频繁地与个别要好的同学和老乡接触。这对沟通不良、性格有缺陷的大学生必然会产生难以接触的矛盾：长期人际关系的紧张会使大学生不能全身心地投入到学习当中，引发焦虑和不安，甚至会出现对周围同学的敌视和报复心理，酿成不必要的悲剧。震动全国的云南马加爵杀人案起因就是其不能正确处理与同学的关系，长期人际关系的紧张导致了这一场本不应该发生的悲剧。

（三）认知失调，容易产生自卑心理

当代大学生，在中学往往是优秀生，老师表扬，家长夸奖，同学羡慕，常常体验的是成功的喜悦，优越感、自豪感油然而生。但到了大学，这里人才济济，高手如云，再加上大学对学生评价标准的变化，使得一些学生感到不适应，失去了原来的受人关注和追捧的地位，自尊心受到严重挫伤。少数大学生由自傲走向自卑，自信心下降，意志消沉，缺乏进取心，甚至对老师的教育和同学的帮助产生抵触情绪和逆反心理，严重影响正常的学习和生活。

（四）缺乏应对压力和挫折的心理承受能力

某些大学生往往因为一些偶然因素造成他们的生活和学习遇到挫折，而影响了他们的心理、情绪的稳定，如家庭的变故、失恋、失去朋友、生活困难、一次补考等。由于绝大多数大学生都是在家长和老师的呵护下一帆风顺地跨入大学校门的，很少遇到严重的挫折，更缺乏独立承受压力和挫折的心理能力，因而遇到困难和挫折往往束手无策，从而造成他们焦虑、烦躁、自卑、痛苦、嫉妒、失落和逆反等不良心理。

（五）激烈的就业竞争造成部分大学生出现择业心理危机

日益激烈的就业竞争把用人单位的门槛越抬越高，人才高消费似乎成为今天劳动力市场中不可逆转的主流趋势。很多大学生怀着较高的期望值步入人才市

场，结果却被用人单位的学历高平台所阻拦。许多毕业生的就业观念存在很大的偏差，就业期望值过高，挑三拣四，漫天要价的情况也比较严重。在大学生当中，“皇帝女儿不愁嫁”“时代骄子”的思想还普遍存在。在就业面前，许多大学生不能正确摆放自己的位置，调整好自己的心态，往往造成“高不成低不就”的现象。深受“铁饭碗”“吃公粮”等传统观念影响的大学生，面对激烈的就业竞争往往无所适从，而对于那些性格内向、心理承受能力较差、心理适应能力弱的大学生来讲，则更容易造成恐惧、焦虑、烦躁、抑郁等不良心理，甚至有人对生活缺乏信心，对前途失去希望，觉得生活没有意义，造成人生观和价值观的扭曲。

二、心理健康教育的作用

我国正处在建立社会主义市场经济体制和实现社会主义现代化战略目标的关键时期，社会情况发生复杂而深刻的变化，如何指导学生在观念、知识、能力和心理素质等方面尽快适应新的要求，是大学生思想政治教育需要研究和解决的新课题。《中共中央国务院关于深化教育改革全面推进素质教育的决定》强调，在全面推进素质教育中，必须更加重视德育工作，加强学生的心理健康教育。《中国普通高等学校德育大纲》明确提出，要把心理健康教育作为高等学校德育的重要组成部分，大学生应具备良好的个性心理品质和自尊、自爱、自律、自强的优良品格，具有较强的心理调适能力。加强大学生心理健康教育工作是新形势下全面贯彻党的教育方针、实施素质教育的重要举措，是促进大学生全面发展的重要途径和手段，是大学生思想政治教育的重要组成部分。心理健康教育在大学生思想政治教育中的重要作用表现在以下几个方面。

（一）加强心理健康教育是增强大学生思想政治教育实效性的需要

《中共中央关于进一步加强和改进学校德育工作的若干意见》中明确指出，在科学技术迅速发展、社会主义市场经济体制逐步建立的情况下，如何指导学生在观念、知识、能力、心理素质等方面尽快适应新的要求，这是学校德育工作需要研究和解决的新课题……要通过多种方式对不同年龄层次的学生进行心理健康教育和指导，帮助学生提高心理素质，健全人格，增强承受挫折、适应环境的能力。“健康稳定的心理状态，是形成良好政治、道德品质的基础。”

大学教育要实现培养德、智、体、美全面发展的高级专门人才的目标，首先要求大学生具有健康的心理素质和成熟稳定的情绪、情感以及坚强的意志品质，而大学生良好的个性素质对于其世界观、价值观的形成具有决定性的作用。因此，大学生的心理健康状况如何，直接关系到大学生能否顺利成才和全面发展，面对日益严峻的大学生心理问题和心理障碍，高校思想政治教育必须强化心理健康教育的渗透。思想政治教育除了坚持正确的政治导向和道德学问外，还必须进一步关注学生的心理健康。在对学生进行集体主义、爱国主义和共产主义理想、信念教育的同时，还应该对学生个体心理特征进行分析研究，结合其身心发展特点，加强智力因素与非智力因素的培养，增强学生对环境的适应能力，培养健康人格，建立和谐的人际关系，充分调动学生的身心潜能，促进学生健康全面地发展；要达到这一目标，就必须使心理教育与思想政治教育有机结合起来。

传统的大学生思想政治教育的内容，着重培养大学生的世界观、人生观、价值观以及爱国主义、集体主义和社会主义精神，但对大学生作为一般的人在学习、交往、恋爱、择业、承受挫折等日常生活中所具备的心理素质未予以应有的关注和培养；在方式手段上，忽视教育对象的主体性和个性特征，过分强调灌输、榜样等外在因素的强化作用；在新形势下，高校思想政治教育传统说教式、单一化、公式化、压制化的简单模式已经很难适应当前个人、学校、社会发展的需求。重视对学生灌输心理健康教育，并真正发挥其在思想政治教育中的渗透作用，是提高学校德育工作实效性的必要途径之一。加强心理健康教育在高校思想政治教育中的渗透是新时期社会和个人发展的需要，是高校思想政治教育发展的需要，也是增强大学生思想政治教育实效性的需要。

（二）心理健康教育能使思想政治教育更适应学生特点和教育规律

心理健康教育的理论和方法有助于我们加深对学生的了解和认识，增强思想政治教育的针对性。认识和了解教育对象是实施思想政治教育的基本前提，但同时也是一道难题，心理健康教育关于人的发展的一系列理论和关于了解、认识、把握个性心理的手段，不仅能够帮助教育者全面深入地了解学生的共同特点，同时也能使教育者更深刻地了解学生不同的个性，为实施思想政治教育，特别是增强思想政治教育的针对性创造了条件。

心理健康教育工作能够根据大学生的身心特点和教育规律，特别是突出教育的针对性，使思想政治教育能够有效地进行。心理健康教育独特的理论和方法还给高校思想政治教育提供了一个崭新的视野，使得我们的思想政治教育更加适合学生特点，更加符合教育规律。

心理健康教育丰富了大学生思想政治教育的思想和教育手段。心理健康教育关于人的全面发展理论，特别是它的一系列方法，使得思想政治教育在实施过程中，具备了更多的实践性。这些理论和高校思想政治教育有机结合起来，就有助于解决新形势下大学生思想政治教育所面临的新问题，例如，加强心理健康教育可以帮助大学生处理好学习成才、择业交友、健康生活等方面的具体问题，提高思想认识和境界；有利于培养大学生良好的心理品质和自尊、自爱、自律、自强的优良品质；增强大学生克服困难、经受考验、承受挫折的能力等。

总之，心理健康教育在大学生思想政治教育中发挥着不可替代的重要作用，是新形势下大学生思想政治教育的有效途径。

三、心理健康教育遵循的原则

在新形势下，要切实发挥心理健康教育在大学生思想政治教育中的作用，就必须坚持心理健康教育为大学生思想政治教育服务、为高等学校的育人目标服务的方向，遵循心理健康规律和思想政治教育的规律，贯彻主体性、教育性、预防性和协同性的原则。

（一）主体性原则

任何教育只有转变为被教育者自身的能动活动，树立其主体意识并体现其主体参与，教育目的才能很好地得以实现。大学生心理健康教育也必须倡导主体自我教育。在思想政治教育中教师应注意引导学生主动参加多种实践活动，使学生自我生存、自我认识、自我调控、自我激励、自我发展的能力不断得到提高，使学生学会自我心理调适的方法，消除负面情绪的影响和心理困惑，促进心理健康的自觉意识不断得到增强。

（二）教育性原则

这一原则要求心理健康教育必须遵循大学生思想政治教育的规律，符合素质教育的目标，纳入思想政治教育轨道，进一步拓宽渠道，探索切实可行、行之有效的多种途径，落实教育内容，围绕促进学生身心健康、全面发展、提高素质这个中心开展工作。

（三）预防性原则

这一原则要求高校心理健康教育必须树立预防重于治疗的思想，以防为主，把预防放在首位，以培养发展良好健康心理素质为目标，将心理健康教育工作的重点放在心理问题的早发现、早预防上，从被动走向主动，这样既可以使大学生心理和行为问题防患于未然或化解于萌芽状态，又可以使每个学生得到关怀，普遍提高大学生的心理健康水平。

（四）协同性原则

心理健康教育是一项复杂的系统工程，要想达到维护学生心理健康、优化心理素质的目的，实现其利教、促学、有益社会的功能，仅仅依靠少数教师是远远不够的，必须加强教师、学生、家长及社会各方面的协作、配合，并将心理健康教育渗透到高等学校教育、教学的全过程中去，才能产生实效。大学生心理健康教育工作，必须以科学的理论和原则为指导，立足建设，重在发展，锐意创新，努力探索新形势下的新思路，积极构建新模式，使之不断走向深入。

四、心理健康教育的途径与方法

（一）加强心理常识教育，增强大学生的心理调适能力

大学生心理教育是一项具有战略意义的工作，因此，要把心理教育作为学校的一项重要工作来抓。开设大学生心理健康教育课程应作为大学生心理健康教育的主阵地、主渠道来抓。高等学校必须及时开设大学生心理健康课程，进行心理常识知识的宣传；定期举办心理知识讲座，传授必要的心理调适技巧，提高大学生的自我心理调适能力；进行挫折心理教育与挫折心理训练，提高学生抵抗挫折的能力。挫折心理训练是为了使学生积累受挫的经验与心理体验，使其逐步认识到人在一生中的努力与奋斗，有成功，也会有失败，要经受住失败的考验，保持自信与乐观的人生态度，从而增强他们适应环境的能力与抗挫折能力。

（二）推进心理咨询工作，提高大学生的心理素质

心理咨询工作对促进大学生的心理健康具有十分重要的作用，而且有利于充分发掘人的潜力，帮助大学生形成健全的人格，提高人的素质。目前高校心理咨询工作的开展还远远不能满足广大同学的要求，与大学生存在的心理问题的实际状况也不相适应。所以，高校的各级领导要更新观念，改变建立心理咨询中心（室）、开展学校心理咨询工作只是为了应付上级的检查或赶时髦的看法，把心理咨询工作与培养合格人才的战略目标紧密联系起来，鼓励与支持心理教育工作的开展。通过心理咨询，排除学习成长中的困惑或烦恼，消除学生的心理疾病，减少大学生心理发病率。要加大对心理咨询工作的投入，改善学校心理咨询工作的条件；重视心理咨询工作者的劳动，激发他们的工作积极性；安排心理咨询工作人员的业务培训，提高他们的业务水平。与此同时，要充分利用现有条件，加强心理咨询中心（室）与有关医务部门的联系，不仅进行一般性心理疏导，而且进行心理问题的专门治疗。通过切实推进心理咨询工作，提高大学生的心理素质，为培养心理健康、品质优秀的新一代大学生提供保障。

（三）构建大学生心理健康教育的外界环境

人的心理是客观现实的反映，是个体与外部环境相互作用的结果。学生心理健康的发展，不仅需要专门的心理辅导与教育，还有赖于整个教育教学环境的优化。首先，在全体师生中大力提倡良好的校风、教风和学风，形成正确的、积极的学校和班级舆论，使学生在互相关心、互相帮助的气氛中，在充满爱意的环境中学习和成长。其次，通过校长、老师健康的心理品质营造良好的群体心理氛围，形成良好的人际关系，使学生在和谐向上的校园文化环境中耳濡目染、潜移默化地陶冶心理品质。最后，教师协调和优化学生的家庭和社区环境，使学生在

幸福的家庭里生活，在民主、平等、和睦的家庭教育环境中陶冶健康的心理品质，在文明的社会环境中锻炼心理品质。

（四）加强思想政治教育和心理健康教育的教师队伍建设

要开展大学生心理健康教育，教育者本身的心理就应该是健康的、积极向上的，否则大学生心理健康教育不可能达到应有的效果，甚至会走向反面。因此，提高心理健康教育者的敬业精神、专业水平和心理健康水平就显得尤为重要。首先，高校心理健康教育工作应当尽量选用具有一定心理学和教育学知识的专业化教师，并且鼓励其他学科教师掌握心理学的基础知识和心理咨询（辅导）的技能；其次，定期对在职教师进行心理测量和评估，及时掌握和解决在教师队伍中出现的心理问题和心理障碍，引导教师深刻认识心理健康对自己、对教育事业的重要作用，有意识地去维护自己的心理健康，培养积极开朗的情绪、乐观向上的性格、坚忍不拔的意志，对自己要有客观的认识；最后，还要积极引导教师注重自身素质的提高，努力掌握广博的知识，提高自身的文化修养，培养广泛的兴趣，保持积极乐观的心态，建立和谐的人际关系。

第五节　网络教育模式

当今社会，网络对大学生的思想观念、价值取向、行为模式、个性心理都产生着广泛而深刻的影响，极大地改变了高校思想政治教育的环境，直接冲击着传统的思想政治教育方法。面对思想活跃的大学生群体，如何充分发挥网络优势，利用灵活多样的网络教育模式，以提高高校网络思想政治教育的针对性和实效性，增强高校思想政治教育工作的吸引力和感染力，是广大教育工作者不断研究和探索的重要内容。

一、网络思想政治教育的重大意义

当代大学生的思想状况、思维方式以及行为举止等均深深烙上了网络时代的印记。大学生呈现出追求自由个性、重视虚拟沟通、具有多元化价值等特点。新时代背景下，加强网络思想政治教育具有重要的时代意义。

（一）实现思想政治教育创新的迫切需要

2005 年 1 月，李长春在全国加强和改进大学生思想政治教育工作会议上提出：要研究大学生的行为特点，探索大学生思想认识与环境变化的内在联系，创新教育方法和手段，确定合适的内容，选择恰当的方式，开展有针对性的教育和引导活动。网络技术等现代传媒技术的发展，给大学生的生活、学习和思维方式带来了深刻的影响。这既给高校思想政治教育工作带来了机遇，也带来了挑战。要根据大学生接收信息途径发生的新变化，全面加强校园网络建设，善于运用互联网等现代传媒，把思想政治教育的内容有机融入其中，开展生动活泼的网络思想政治教育活动，增强网络思想政治教育的吸引力和感染力，形成网络思想政治教育体系，牢牢把握思想政治教育的主动权。这段讲话以网络为主要代表的新媒体环境下的大学生思想政治教育指明了方向，也提出了新的要求。如何从传播学的角度，运用传播学原理对新媒体环境下的大学生思想政治教育进行分析和研究，这是一次新的尝试和探索，通过与不同学科的相互渗透交叉、相互借鉴启发，从而有利于大学生思想政治教育的不断发展和创新。

（二）增强大学生思想政治教育实效的有力保障

面对新形势新情况，思想政治工作在继承和发扬优良传统的基础上，必须在内容、形式、方法、手段、机制等方面努力进行创新和改进，特别要在增强时代感，加强针对性、时效性、主动性上下功夫。从某种意义上来讲，人类的教育过程可以看作一种广义上的信息传播和通信过程，而思想政治教育也是一种信息获取、选择和传播的过程。由于新媒体也有输入、存储、传播和教化的功能特性，与思想政治教育传播信息、接收信息、内化信息和外化信息的过程具有一致性。另外，新媒体可以把思想政治教育的教育者和受教育者连接起来，使教育者和受教育者通过新媒体进行双向互动，其信息传播过程同样是“教育者——交流沟通——教育对象——信息反馈——教育者”这个思想政治教育的基本环节。同时，新媒体本身开放性、平等性、交互性、及时性和多媒体性等优势特点有利于思想政治教育的信息传播和教育者、受教育者双方的交流沟通。因此，通过研究如何充分利用新媒体的优势和传播特性来开展思想政治教育，有利于提高大学生思想政治教育的时效性。

（三）完善大学生思想政治教育内容的重大举措

习近平总书记强调，做好网上舆论工作是一项长期任务，要创新改进网上宣传，运用网络传播规律，弘扬主旋律，激发正能量，大力培育和践行社会主义核心价值观，把握好网上舆论引导的时、度、效，使网络空间清朗起来。新媒体环境下的大学生思想政治教育除了应包含思想教育、政治教育、道德教育等传统内容外，最大的特点是还应囊括媒介素养教育。所谓媒介素养，是指“人们获取、分析、评判和传播各种媒介信息的能力以及使用各种媒介信息服务于个人的工作和生活的能力”。“人们对各种媒介信息的解读和批判能力以及使用媒介信息为个人生活、社会发展所用的能力”。这是信息化社会中教育对象必须具备的一项基本技能，也是大学生综合素质的一个重要体现。在新媒体环境下，信息和知识已经成为社会生产力的重要组成部分，给处在经济尚不发达地区或条件尚不优越的单位和个人的教育带来了福音。新媒体信息技术的本质越来越明确地告诉我们：成功的关键在于有效组织和利用信息，而不是在形式上拥有、收集或储藏信息。只要着力抓住信息教育的关键，不断促进思想政治教育信息化的发展和完善，就一定能更好地发挥新媒体在思想政治教育中的作用。因此，对大学生开展必要的媒介素养教育必然将成为新媒体环境下大学生思想政治教育的一个重要任务，这也是新媒体环境下大学生思想政治教育区别于传统思想政治教育的一个重要方面。

二、网络思想政治教育宏观架构

（一）网络思想政治教育的时代特征

1. 丰富性

基于互联网服务和云服务的新媒体技术，其本身就拥有着数量极为惊人的综合类资源，且每个人又都能进行信息的发布与交流。除此之外，还可以通过复制链接等技术，将其他相关媒体，特别是传统媒体，如报纸、广播中的信息整合后制作成电子版资讯上传到网络平台中。海量信息使得新媒体快速传播成为了可能，也使得大量且新鲜的信息资源与素材可以源源不断地注入高校思想政治教育中，为教育工作在深度和广度上有进一步的发展奠定了基础。

2. 互动性

网络是现实的延伸，既是现实的人的延伸，又是现实的社会的延伸。网络环境实际上是“网上”与“网下”互动影响的系统。虚拟空间中的新情况、新问题是现实背景和现实根源的折射和反映，网上问题的解决也必须参考网下现实社会的实践活动。虽然如此，但网络世界又不是现实社会的简单复制和叠加，网络思想政治教育也不是网下思想政治教育的“电子版”。因此，大学生网络思想政治教育工作者不能用“网上工作”取代“网下教育”，而应该探索“网上引导”与“网下教育”相配合的机制，既要“键对键”，也要“面对面”，网上网下工作配合互动，才能将教育效果聚集放大。二者相辅相成，不仅能够激发大学生的创造力，更能够调动他们获取资讯的积极性，使得思想政治教育摆脱以往教条式的说教，更具吸引力和感召力。

3. 平等性

在传统媒体前公众是完全受众者，而新媒体这一网络虚拟化平台却主导了选择权和控制权，以期信息发布达到权责一致的较公平状态。此外，介入其中的个体在一定程度上淡化了自己真实的身份，使得其心理障碍降低，在与思想政治工作者的交流中也较容易将自己与对方置于同一互动的地位。在此情况下，更能鼓励学生将现实生活中不敢或不能说出的话，通过新媒体交互工具传达。因此，这就有利于思想政治教育工作者们了解学生真正的想法，把握他们思想动态的变化，从而将自身的学习与实际工作联系起来，做到与时俱进，有的放矢，创造性地开展大学生思想政治教育工作。

4. 即时性

新媒体加速了媒介与受众之间的反应速度，使得新媒体具备充分的即时性。大学思想政治教育工作者应用新媒体进一步增加了自身的应急能力，对紧急情况与临时情况的处理水平显著提高。新媒体强大的交互性对响应和处理提出了更高要求，必须当下、当时、当即给予答复，否则，爆炸式增长的信息流将很快淹没重点信息，影响到下一阶段的情况处理。多点对多点的传播方式使得即时传播的速度非常快，使得主体和客体之间信息交流即点即通，也大大减少了思政工作者们为掌握学生情况所花去的时间，甚至还突破了地区乃至国界等时空限制，使得天南海北的思想交流成为了可能。

5. 隐蔽性

新媒体环境构建了独立于社会现实生活的虚拟社会，高校思想政治教育工作者在这一环境中具有隐蔽性和不可控性。现有的网络技术已经可以让师生自由选择服务器节点，相应的代理服务器也将更新 IP 地址，既可以单纯地以“游客”身份浏览信息而不直接参与互动，也可以更改、伪造或隐藏自身自然属性，创设虚拟身份参与其中，辅之以声音、符号、表情等方式起到传情达意的效果。新媒体的隐蔽性使得思想政治教育能够达到潜移默化的效果，让大学生在不知不觉中接受和认可相关的教育理念，并借助新媒体强大的互联性以虚拟身份进行传播，使得教授过程更为柔性，比强制教授更易于接受。

6. 精准性

新媒体网络环境营造了一个让人袒露心扉的虚拟空间，心智尚未成熟的青年大学生偏向将情绪和经历展示于公众空间，通过别人的关注获得心理上的满足。这也就造成了在网络上青年学生反而更容易流露内心的真实想法和现实中的困惑，避免了在社会现实条件下因彼此间的不信任感而造成信息不对称的风险。大多数青年学生出于社交目的考虑在新媒体网络工具上填写的个人资料具有一定的可信度，用户身份相对真实的前提使得倾诉者的安全感和真实感在一定程度上得到满足，宣泄的效果也更能符合预期。高校思想政治教育工作者可以通过校内热门帖子、QQ 群、微博、朋友圈等方式掌握学生的思想动态，洞察细微变化，并有针对性地进行疏导和帮助，使德育工作做到有的放矢，对症下药。

7. 拓展性

长期以来，高校开展大学生思想政治教育的基本形式是以课堂教学为主，辅助以座谈、讨论、谈心、社会实践等，这在时空上存在着很大的局限性与限制性。在新媒体时代，思想政治教育可以不受以往的那些局限性和限制性，而是突破了这些不足，通过专门的网络资源，如网站、网页、视频或信息报道等链接，教育者可以方便快捷地提供大学生上网浏览、阅读大量的信息。为了帮助大学生形成正确的思想意识，可以尽量多地在网上发布正面信息，感染和鼓励大学生，进而达到引导的目的。通过网络还能便捷地交流，及时掌握大学生的思想状况，便于调查和统计。手机媒体、BBS 等方式的开通，使交流打破了时空的限制，即时的学习交流和讨论时事，丰富了学习和生活的内容，也更有利于情感的建立。信息的集成性和双向性、信息的可选择性和便捷性是网络所特有的，高校思想政治教育工作与之相结合，就为大学生的思想政治教育提供了一个极具特色的环境。手机通信的及时快捷也为教育提供了更多的形式和方法，从而让传统的教育形式变得更为多样化，更具合理性，更为快捷。因此，借助新媒体技术，必将有力地丰富大学生思想政治教育的形式，增强大学生思想政治教育的实效性。

8. 效率性

传统的媒体信息传递的速度较慢，思想政治教育的内容不能及时有效地传送给受教育者，导致教育的效率不高。而新媒体 Internet 网络、手机短信、手机网络等形式在信息传播方面就显得十分迅速。使用者可以在任何时间甚至任何地点接受、浏览以及查看任何关于思想政治教育的有益信息，而教育者同样可以以此方式及时地把思想政治教育的内容传送到每一位受教育者的手中。例如，可以把大学生思想政治教育理论课的课件、讲义、案例分析、讨论题等发布到校园网、班级 QQ 群、校园 BBS 等，让教师与学生们展开讨论，从而使思想政治教育课程的思想、内容从课堂上延伸到网络内，从课内延伸到课外，充分调动大学生学习思想政治理论的积极性，增强教学效果。此外，大学生思想政治教育的专门网站还能够实现信息内容在组织上的超文本链接功能，在阅读电子化的理论著作中，任何一个概念、一个事件、一个人物、一部著作等都可以通过超文本链接而及时找到与之相对的非常详细的资料，供学生参考，满足学生在学习过程中查阅资料的需要。这不仅极大地提高了大学生思想政治教育理论学习的效率，而且还增强了思想政治教育理论学习的全面性、综合性及现代性。

（二）网络思想政治教育基本原则

新媒体环境下加强和改进大学生思想政治教育的基本原则是思想政治教育者在思想政治教育原理和规律的指导下，为实现思想政治教育目的，开展思想政治教育活动过程中所要遵循的准则。它贯穿于整个教育过程，是指导新媒体环境下思想政治教育各种对策的理论依据。为了使大学生思想政治教育在新的环境下取得良好效果，主要应把握以下几方面的原则。

1. 渗透性原则

新媒体作为一种现代化的信息平台，具有巨大吸引力。在自由开放的媒介文化空间中，大学生可以自主进行判断、选择，自由获取信息、传播信息，他们的现代社会意识、法制道德意识、民主意识日益增强。相关心理学研究也表明：当信息传递的诱导性过于明显，强度过大时，受众就会感到选择自由被限制，进而引发对该类信息的抵触和排斥。因此，单纯采取传统填鸭式的单向灌输方法很容易引起教育对象的反感和厌倦，使教育对象产生逆反心理和对抗情绪，直接影响思想政治教育的效果。所以，在显性教育课程之余的日常大学生思想政治教育工作中，教育者必须坚持渗透性原则，充分利用新媒体的隐蔽性、虚拟性、互动性特点，尽量隐匿自身的教育者身份和教育目的，淡化教育色彩，消除教育对象的逆反心理和抵触情绪，采取疏导的方法，诱导其敞开心扉，自由表达自己见解，坦诚抒发自己的思想与情感，从而在潜移默化的过程中帮助教育对象明辨是非，树立科学的世界观、人生观和价值观。

2. 开放性原则

由于新媒体信息传播具有开放性特点，新时期的大学生思想政治教育理应顺应时代发展要求，主动更新自身思想观念，努力摆脱陈旧思维方式的束缚，以开放的心态展开教育工作。开放原则应包含有两层含义：首先是新媒体资源的开放。新媒体给人们提供了可以共享的、丰富的信息资源，极大方便了大学生的学习生活；但新媒体信息传播过程中也夹杂了大量的虚假信息、垃圾信息，这些负面信息对大学生的身心和思想产生了巨大的冲击，极大腐化了部分大学生的思想。面对这种情况，大学生思想政治教育工作不能因为信息的复杂而封闭保守，而应该扩大教育资源的开放程度，通过提供吸引力强的、积极的教育资源，为大学生提供分析、判断各种信息的资料，坚定社会主义信念和共产主义理想，促使思想政治教育工作的有效开展。其次是新媒体环境的开放。新环境下的大学生思想政治教育活动中，由于教育主客体具有交互性，这就要求思想政治教育环境的开放，使得教育主客体能够自由平等地进行交流。因此，教育者要创造开放的教育环境，营造民主平等的氛围，通过自由平等的对话，加强与学生之间的思想交流和情感交流，提高思想政治教育的实效性。

3. 法制性原则

随着新媒体的迅速发展，各种利用新媒体的新型犯罪行为日益增多。这既反映了我国相关方面立法滞后，也说明我国民众相关方面法律意识的淡薄。这就要求在对大学生进行思想政治教育过程中，坚持法制性原则，不断加强对大学生的相关法制教育，提高大学生的新媒体法制意识。将新媒体法律法规纳入教学计划中，综合运用新媒体法律知识竞赛、法律知识演讲比赛、法律知识社会调查等形式，加强对大学生的新媒体法律法规教育，促进大学生新媒体法制意识的形成，加强对大学生的管理，如可以建立网络信息反馈渠道和信息监控系统，若发现有违反网上道德与法规的现象，及时进行教育和处理，以规范大学生在新媒体空间里的言行。

4. 正面引导性原则

坚持正面引导就是要使符合社会发展要求的正向言论充分累积与共鸣，用正向舆论压制负面舆论的噪声，用科学的精神、理性的探讨指引大学生群体。坚持正面引导的原则是实现新媒体信息舆论控制的重要内容。譬如，在广受大学生欢迎的博客传播中，虽然从整体的外在形式上看信息传递的自由性加强，把关理论受到强大冲击，但实际上博客的微观把关机制仍然存在，当前中国的博客使用者仍然主要通过博客网站进入和浏览博客内容，这样教育者就可以通过社会热点设计引导议题、培养博客用户群中的意见领袖等做法，达到对博客网站的微观把关和议程设置优化的目的。

5. 方向性原则

所谓方向性原则，是指在思想政治教育过程中，坚持以马列主义、毛泽东思想、邓小平理论、“三个代表”重要思想、科学发展观、习近平新时代中国特色社会主义思想为指导，按照完善人、发展人的总目标，在思想道德修养上为教育对象指明方向，使社会主义思想道德成为激励他们进行道德活动的精神力量。思想政治教育的方向性是由教育的阶级性所决定的。任何一个阶级社会都要求教育者按照本阶级的利益原则和价值取向确定自己的思想政治教育目标。我国思想政治教育的目标是：培养学生遵守社会公德、公民道德和良好的社会主义思想道德品质，塑造社会主义理想人格，引导正确的道德实践活动，树立以国家、人民和集体利益为主的集体主义精神，提倡大公无私、毫不利己、专门利人的共产主义思想道德品质。

思想政治教育是一个非常复杂的教育系统，具有系统的一般特点。系统论认为，系统所谓一个重要特征就是它的目的性（也称为终极性或方向性）。钱学森指出：所谓目的，就是在给定的环境中，系统只有在目的点或目的环上才是稳定的，离开了就不稳定，系统自己要拖到点或环上才能罢休。一般来说，个体最初落在哪个目的点或环上，它就会按照这样的点或环的要求生长，沿着它所设定的目标发展。所以，在思想政治教育过程中，谁先抢先把思想政治教育对象拉入自己的道德轨道，谁就拥有对该对象教育的主动权，也就获得了开展思想政治教育工作的优势条件。当代大学生从小就以社会主义思想道德要求发展自己的思想道德观念，这为我们做好思想政治教育工作提供了良好的初始条件。

（三）网络思想政治教育框架构建

1. 构建网络思想政治教育阵营

在新媒体背景下，构建新媒体多元平台，畅通信息传送渠道。一是建立微博平台，信息及时联动，促进学校与学生、学生与学生之间通过电脑或手机多层次、平等性交流，及时把握学生动态，广泛开展网络舆情收集，使思想政治工作和维稳工作更具主动性和前瞻性。二是采取“现实”与“虚拟”相结合的战略，做到网上引导和网下教育相结合，把新媒体的教育引导功能正确纳入大学生思想政治教育系统，完善大学生思想政治教育信息化、数字化、网络化的建设，促进思想政治教育与新媒体在教育引导上相辅相成、相互协调、交叉覆盖。

2. 提升与新传媒载体相适应的观念和素质

在新媒体不断发展的今天，必须解决思想政治教育者的观念问题和素质问题，着眼增强传媒思维观念，提高媒体素质；着眼增强信息优势观念，提高信息素质；着眼增强开放互动观念，提高交往素质；着眼增强审美观念，提高人文素质。首先要树立正确的观念，改变心态，重新定位，平等交流是新媒体思想政治工作者必须树立的观念。其次是要掌握方法，摸清规律，一旦出现思想政治突发事件，不能一味地堵、删、封，而应该正面应对消极声音。

3. 加强大学生新媒体素养和自律教育

在新形势下，高等院校应将新媒体素养教育纳入大学生素质教育范畴中，开展网络道德教育，培养大学生自律意识，自觉遵守网络规范，培养学生自觉的网络责任意识、政治意识、自律意识和安全意识，培养学生的健全人格和优良的网络道德。新媒体时代的大学生不可能时刻处于思想政治工作者的视野之内，因此，培养当代大学生的新媒体素养是根本因素。高校思想政治工作者要根据新媒体的发展以及大学生在新媒体技术下所暴露出的问题，有针对性地开展思想政治教育，提高学生分析问题的能力，增强大学生明辨是非的能力和道德自律能力，让大学生能按照正确价值观和道德观来处理问题，增强大学生的社会责任意识，确实帮助他们提高新媒体的自律能力，增强大学生的网络免疫能力和网络文化的辨别能力。让大学生在运用新媒体的同时，明了新媒体遵循的基本法律法规和行为规范，具备理性对待和分析新媒体信息的能力，形成独立思考和批判意识。

4. 开展丰富多彩的网络文化活动

高校思想教育工作者积极组织大学生开展丰富多彩的校园新媒体文化活动，营造健康积极向上的校园文化氛围，分析研究大学生的网络表达方式和接受习惯，构建丰富的校园网络文化体系，用积极健康的校园网络文化影响他们。只有在思想政治教育中实行由“堵”向“导”的转变，坚持疏堵结合、监控和引导并重，才能占有主动地位。利用新媒体尤其是在互联网上高唱高校德育工作的主旋律，在网上大力开展大学生思想政治教育，使新媒体成为对大学生进行思想政治教育的有效渠道。在潜移默化中影响和教育大学生，抢占网络思想教育的制高点，实现社会主义大学特有的思想教育优势。利用新媒体开展学习，提高做好大学生思想政治教育工作的能力。新媒体的蓬勃发展不仅对大学生思想政治教育工作的方式方法产生了重大影响，而且对高校思想政治教育工作者的业务水平也提出了更高的要求。面对新形势新挑战，高校思想政治教育工作者既应不断提高政治素质和思想道德素质，确保大学生思想政治教育工作的正确方向；还应不断提高个人运用新媒体的能力，树立正确的观念，确保有效利用新媒体做好大学生思想政治教育工作。在日常管理中，应注重利用新媒体开展相关调研和测评，了解和掌握大学生的思想动态、心理状况、精神需求，使思想政治教育更贴近大学生的学习生活实际，取得更好效果。

三、网络思想政治教育价值理念创新对策

伴随着思想政治教育的新媒体化进程，高校思想政治教育工作者也要不断进行教育对策的调试与重塑，尤其要从自身教育理念到教育实践、从教育内涵到教育形式、从教育模式到教育技巧、从教育过程到教育目标等方面加强整合再造，以期实现以教育新策略应对新环境、新问题。

（一）开放平等，增强互动性

新媒体模糊了虚拟与现实共存的边界，使得二者进一步融合，其开放性和共享性为发挥教育合力创造了条件。开放性作为新媒体最重要的特征之一，突出表现为不存在地域局限，具有资源丰富、信息量大、涵盖面广、传输快捷、形式多元等传统媒体所无法比拟的优势。

网络作为西方文化思潮、价值观念传播的重要途径，在一定程度上被当作意识形态渗透的主要载体。在全球化、多极化的浪潮下，高校思想政治教育工作者也应积极推进社会主义核心价值体系进网络，建立思想政治教育相关工作网站，专设西方文化和国外思潮等栏目邀请专家在线点评交流，坚持思想政治教育者在这一领域的主导性地位。

对于大学生群体普遍喜爱的微博、博客、SNS社交网络平台等新媒体工具，思想政治教育工作者都应注册账户、建立主页，通过新媒体工具交互沟通及时掌握网络舆情，对于网络群体高度关注的社会事件进行正面宣传和引导。

当前高校青年学生思想活跃、追求个性解放，若想增强大学生思想政治教育工作的平等开放性，则更应走入大学生群体的内心，融入他们的生活，从他们的实际需要出发提供引导和支持是必然选择。新媒体不仅为思想政治教育工作者提供了一个课堂之外融入大学生生活和真实内心世界的沟通交流平台，更建立了一个全员育人的平台。在这个开放包容的平台之上，所有思想政治工作的专职人员、专家、专业课教师、辅导员乃至学校领导都可以在新媒体建立的平台中平等互动交流，实现全员育人、全程育人、全方位育人。

（二）隐性内涵，增强实效性

新媒体多样灵活的特点有利于思想政治教育中隐性教育方式的运用。所谓隐性教育模式，是相对于显性教育模式而言的，是教育者将教育目标和教育内容融入大学生的生活环境和日常活动中，使之在不知不觉中接受思想政治教育，达到思想政治教育的目标。这一过程不仅一改传统思想政治教育刻板、空洞、灌输式和一成不变的印象，而且也使得教育方式变得间接，空间时间变得更加随意，内容变得更加开放，更有利于思想政治教育实效性的发挥。

法国启蒙思想家卢梭在其著作《爱弥尔》中谈到，教育的艺术是让学生喜欢

你所教的东西。整个教学过程不仅是学生与教师思想的互动和交流，形成共同的认知，更是一种情感的互动。如果说课堂有限的时间和空间限制了思想政治工作者与大学生情感的交流，新媒体就是建立这种沟通的桥梁。由于大学生对老师有种天然的敬畏感和隐匿心理，思想政治教育工作课堂上老师与学生的交流难免产生距离感。但通过虚拟平台，思想政治教育工作者可以成为网络上的良师益友，不仅能激发学生的学习热情，营造良好的学习氛围，更重要的是能使学生排除叛逆心理，对教师教授的内容更易于接受和认同。特别是通过新媒体平台，匿名的交流方式消除了师生之间的心理距离，便于思想政治教育工作者了解学生的真实想法，更便于培养感情，更好地接受施教者的思想。

（三）直接高效，提升精细化

精细化作为一种新兴管理理念，最早是由日本的一些企业于 20 世纪 50 年代作为现代企业的管理概念提出来的。精细化管理的目的是为管理者带来诸多便利，从而对工作的流程、方法和质量等进行持续的改进。随着管理实践的发展，也由于精细化管理的现实成效能最大限度地满足现代企业对管理的要求，所以它已被越来越多的企业管理者所接受，逐渐发展成为一种先进的管理文化和管理方式，并细化为各种可操作的方式方法。

精细化管理的管理思想也逐步被运用于思想政治教育领域。新媒体工具强大的点对点、一对多、多对一等交互功能，使得二者之间的沟通交流变得无缝且流畅。一对一、点对点的交流模式使得高校思想政治教育工作者可以根据学生特点进行有目的、有针对性的交流和教育，因材施教，因势利导，避免了千人一面的教育怪圈。甚至在进行深入交谈和一定程度的了解后，思想政治教育工作者可以根据学生身心发展的阶段性特征和特殊的人生经历，对其制定出一套完整的、极具针对性、符合心智发展规律的教育方案，这种“量体裁衣”式的精细化教育模式将使得思想政治教育的育人效果更为突出和显著。

由此可见，精细化管理是社会分工精细化和服务质量精细化的必然诉求，是使管理达到更高、更佳层次的必然选择。高校思想政治教育工作引入精细化管理的理念，也可以通过对青年学生群体中的每一个成员、教育的每一个环节进行精心组织，将规范管理、全面管理的模式引入思想政治教育过程，将使教育效果事半功倍。

（四）整合联动，提升利用率

新媒体交互性、平等性等日益凸显的优势使得其在思想政治教育工作领域中的潜力难以估量。与传统思想政治教育单一的、单项的教育模式不同，在新媒体时代，若高校思想政治教育工作者积极谋求与传统媒体的合作，引导大学生在网络中进行讨论，或直接与学生进行在线多向交流和心灵沟通，了解同学们的利益诉求并倾听心声，进而寻找合适的方式和途径尽量解答，可以将海量的教育资料、数量众多的学生群体与不同领域的教育专家进行整合联通，使得教育资源配置最优化、效益最大化。

高校思想政治教育工作者可在工作中借助新媒体平台的强大聚合作用，吸引不同的资源推动合力的形成，将教师、学生、授课内容、授课程序、授课评测等教育因子融合到教育系统中。充分发挥网络媒体的吸引力、影响力、渗透力，利用 BBS、QQ 群等实现学习资料的共享，利用微博进行思想争鸣碰撞，利用微信进行沟通交流，调和不同地区、不同类型高校之间教育资源的位差，逐步构建大数据库，发挥效益的最大化。建立起微博、微信、QQ 等新媒体的完整线上互动与答疑解惑体系，建立起贴吧、网络日志完整线上分享体系，以达到学术交流的目的。多种渠道、多种方式相互覆盖交叉，以实现师生之间、教师之间、学生之间的资源共享与交流的最大化。

（五）开发创新，提升效用度

当下，越来越多的高校重视新媒体在思想政治教育领域的作用，积极开发和共享信息资源，逐步建设主流文化网站，将思想政治教育网络化、新媒体化的工作稳步推进，通过青年学生群体喜闻乐见的教育方式，让教育理念为学生接受和认可。

方兴未艾的新媒体介入传统思想政治教育，如果使用得当并和相关媒体技术科技公司进行合作，研发出集思想性、知识性及艺术性为一体的中文思想政治教育软件，则可以让中华民族博大精深的优秀文化在网上流传开来。如可以利用电子书籍软件，将原有的书面课程制作成电子杂志、电子课件上传到平台上，供所有大学生下载学习；也可以将团课党课、爱国爱乡活动等具有主流文化特色的经典活动制作成视频，供校际乃至全社会观看交流学习。现代社会越来越多的新媒体工具涌现出来，对大学生提升媒介素质和自我教育能力起着有益补充和良性促进作用。高校思想政治教育工作者不仅要在理论上提升自身媒介素养，还需要在社会具体实践中指导学生建设性地享用大众传播资源的教育，培养学生具有健康的媒介批判能力，使其能够充分利用媒介资源完善自我，参与社会发展，主动、积极倡导“健康上网”“正确使用媒体”等观念，让这些思想潜移默化地烙印在学生的心中，并在具体实践中起到指导和矫正的作用。

在当今社会变革的大浪潮下，恰逢新媒体技术的快速发展，大学生的学习方式、生活方式、思维方式都发生着显著的变化，也使得大学生的思想政治教育出现了多样性、复杂性、创造性的特点。在对大学生的思想政治教育与管理中，原有的粗放型、经验型的管理与思维方式越来越难以适应新形势的发展要求，这意味着高校思想政治教育界面临着一场不可避免的改革。坚持以人为本，科学调控学生需求，坚持以更有效的方式联系青年、服务青年、引导青年，把思想政治教育工作做得更具体、更扎实、更富有成效是高校思想政治工作者不懈的努力方向。因此，在高校大学生思想政治教育工作面临着新的机遇和挑战的今天，将新媒体引入其中，显然有助于提升教育效果，能更富有成效地完成教育目标，进一步完善育人功能。

四、网络思想政治教育实践范式："微辅导"

21世纪，随着互联网技术的广泛普及和信息技术的不断革新，微时代悄然而来。微时代在给高校大学生思想政治教育工作带来冲击的同时，也给思想政治教育"精致育人"模式提供了有效平台。实践中，"微辅导"走入高校辅导员思想政治教育"精致育人"工作视域。

（一）"微辅导"工作实施背景及预设前提

高校思想政治教育工作中，传统的同质化教育无法满足学生的多元化需求趋势越来越明显。在推进非同质化教育实践中，我们构建了思想政治教育"精致育人"模式。"精致育人"理念的核心是尊重学生主体地位和成长规律，以"文"教化人心，在规则意识下引导大学生个性发展。"精致育人"理念实施的出发点是大学生的有效需求。大学生有效需求为"微辅导"工作的可行性提供了现实条件。

移动互联网技术突飞猛进的发展，无形当中为辅导员和大学生搭建起了沟通桥梁。实践中，辅导员可以利用手机微博、手机微信、飞信、手机QQ群等微媒体，通过特色网约的方式，为学生提供个性化指导，帮助学生解决思想、学习、情感及生活等方面的问题，从形式上实现了由原来的单向说教式向双向的"微沟通"方式转变，更注重个体的反馈。微媒体技术的发展，分化了高校思想政治教育载体，为"微辅导"工作的可行性提供了技术条件。

微时代，人们越来越关注和逐渐接受微媒体给自身生活方式带来的影响，传统固化及定式思维下的生活方式逐渐被信息时代下新的生活方式所取代。同时，作为思想政治教育的重要载体，微媒体是一把"双刃剑"，它的"无屏障性""开放性""隐匿性"等特点深刻影响着正处在世界观、价值观和人生观形成重要时期的高校大学生，容易导致大学生价值观多元化、道德观出现偏差，盲目追求更加自由、平等、个性张扬的生活等问题。这些都给高校思想政治教育工作带来了挑战，需要辅导员借助"微媒体"平台对学生进行主流价值观引领和个性化深度辅导，从而实现"精致育人"效果。不过，由于网络的复杂化和多元化，高校辅导员实施"微辅导"工作是有预设前提的。预设前提在实际工作和生活中表现为大家共同接受的东西。只有在预先假定事实成立并在此框架下，辅导员"微辅导"工作才具有可行性、针对性和有效性。

首先，在"微辅导"工作中，作为"微主体"的辅导员应具备媒介素养。媒介素养是指人们面对媒介各种信息时的综合能力、选择能力、理解能力、质疑能力、支持能力、解释能力、比较能力、思辨能力、创新能力以及利用媒介的各种信息为个人学习、生活等服务能力。当代大学生媒介素养存在一定的问题，例如，网络媒介上消费时间和内容上缺乏一定的理性、认知判断上缺乏理智、道德规范上缺乏自律等。可以说，大学生媒介素养主要是在经验基础上积累起来的，尚处于低层次的自发状态。他们对于网络媒介传递的信息缺乏警惕性，不能正确地研究、判断和识别信息的价值，不能对网络媒介信息进行客观综合、解释、比较和思辨，更不能充分、有效地利用网络媒介资源为自己更好的生活、完善自我服务。作为“微辅导”工作中的主导者，媒介素养是辅导员的必备素质。辅导员只有熟悉和掌握常用的网络技术，了解大众传媒内容生产流程和传播特点，对媒介信息具有较强的选择、质疑、比较和思辨能力，掌握大学生网言网语、微言微信话语体系，具备网络交往能力，才能引导大学生对信息进行选择性阅读，提高信息的甄别能力和筛选能力；才能在微媒体平台上对大学生成长中心理困惑与成长问题开展深入访谈，进行深度辅导，从而提高大学生思想政治教育工作的针对性与实效性。

其次，在“微辅导”工作中，“微内容”应以社会主义核心价值观为导向。习近平总书记曾指出，要利用各种时机和场合，形成有利于培育和弘扬社会主义核心价值观的生活情景和社会氛围，使核心价值观的影响像空气一样无所不在、无时不有。“微辅导”中师生之间的交流更为平等、深入和便捷，同时交流的载体——微媒介信息传播的无屏障性、开放性、隐匿性等特点，对社会主义核心价值观的培育与践行形成一定程度的冲击。习近平总书记也曾指出，核心价值观，承载着一个民族、一个国家的精神追求，体现着一个社会评判是非曲直的价值标准。青年的价值取向决定未来整个社会的价值取向。大学生正处在价值观形成和确立的关键时期，同时大学生又是微媒介信息传播的主要受众，如何应对微媒体带来的挑战以及挖掘其德育功能是当前高校辅导员的重要使命。“微辅导”工作要以社会主义核心价值观为导向，把立德树人作为教育的根本任务。辅导员要更新教育理念，学会提高微平台媒介技能，实现对微平台的有效占领，通过与学生个性化平等交流，倡导社会主义核心价值观教育内容，积极传播社会正能量，对错误思潮及时开展批评和讨论，强化正面信息，消解负面消息，牢牢抓住社会主义核心价值观这个核心，以实现“春风化雨、润物无声”的思想政治教育效果，帮助大学生树立正确的人生观、世界观、价值观，使其成为德、智、体、美、劳全面发展的社会主义建设者和接班人。

（二）“微辅导”工作基本内涵与时代意义

“微辅导”是一项精致化、个性化的深度辅导工作，由于借助于微媒体为平台，也可以理解为“网络深度辅导”。思想政治教育工作者利用“微媒体平台”

构建微社区，在微社区中与大学生平等交流成长中的任何话题并对其进行精致化、个性化深度辅导；同时善于借助微博、微信等新媒体平台，以社会主义核心价值观为引领，积极传播社会正能量，对错误思潮及时开展批评和讨论，强化正面信息，消解负面消息，帮助其树立正确的人生观、世界观和价值观。

“微辅导”工作是思想政治教育“精致育人”模式选择的一种实践，也是网络思想政治教育一次有益尝试，它在辅导形式、载体利用、内容深度等方面都不同于传统思想政治教育工作模式。因此，“精致育人”视角下思想政治教育“微辅导”模式选择与实践具有鲜明的时代意义。

首先，“微辅导”构建了德育功能基础。思想政治教育育人功能是包括社会性育人功能和个体性育人功能在内的完整统一体。纵观大学生思想政治教育模式演进轨迹，不难发现，传统思想政治教育模式更加注重思想政治教育社会性功能，忽视了大学生个体生命成长和人格精神塑造等个体性育人功能，缺失对大学生个体行为的具体指导。思想政治教育育人不能单纯地依靠社会性他律，更重要的是要引导大学生学会用自省的方式来反思自己，提高个体性自律育人功能。微媒体中的微博、微信等内容自身具有浓重的人文特点，往往通过简短的文字内容来表达个人的情感和观点。“微辅导”工作正是利用微媒体这个独有特点，要求辅导员以平等的生活化视角切入大学生的日常生活，与学生平等交流，探讨时政热点、指点成长规划、分享生活琐事。个体性育人功能旨在关注大学生个体生命成长，是思想政治教育功能的内在要求。与传统思想政治教育模式不同，“微辅导”工作更注重的是大学生个体的情感体验、个体的人格精神塑造和个性化成长经历。在“微辅导”工作中，辅导员只有深入大学生实际生活中去寻找大学生人格发展和道德生活中遇到问题的本质，并能够通过平等交流的方式给予及时的指导，纠正大学生偏离主流的世界观、人生观、价值观，重构科学的世界观、人生观、价值观，实现学生个体行为的具体引导。

其次，“微辅导”异化了师生传统地位。当代大学生属于“95 后”“00 后”群体，是与中国网络一起长大的，他们天生就是网络原住民，他们对网络知识的掌握和接受是与生俱来的，其对网络知识的了解和微媒体技术的掌握远远高于辅导员。在高校思想政治教育实践中，学生也的确给辅导员提供了大量信息知识和信息技能，甚至是信息文化和信息思想，呈现出教育的“反哺”，即“由年轻一代将知识、文化传递给他们生活在世的前辈”。教育反哺倒逼师生关系发生重构，师生关系走向更加和谐平等的主体间性，师生呈现出对话性。这种主体间性就是各主体之间通过平等自由的交往、对话等所形成的理解性、共识性与和谐共处性，它是对“主体—客体”二元对立关系的扬弃和超越，形成的是“主体—主体”范式。“微辅导”工作模式异化了师生传统地位，消解了思想政治教育工作者传统话语主导权，辅导员不再是传统教导式育人主体，而育人对象也不再是教育客体，教育者（即辅导员）与教育对象（即学生）形成“主体—主体”的平等关系范式，二元主体的平等关系重构了教师主导、学生主体的新型师生地位。

（三）“微辅导”工作框架构建与路径选择

与当代大学生同处于微媒体时代，高校思想政治教育工作者必须要尽快适应时代要求，转变传统的教导式育人方式为引导式育人方式，从学生有效需求出发，尽快掌握微媒体技术，并利用微媒体对学生进行思想、文化、情感和学业引领，切实提高工作的针对性和实效性。

首先，把握网络特点，创新“微辅导”方式。传统思想政治教育是集课程育人、文化育人和实践育人的“三育人格局”。微时代，“微辅导”工作拓展和创新了思想政治教育模式，构建了网络育人模式，实现了两个转变，即思想政治教育主战场从第一课堂、第二课堂向网络阵地转变，思想政治教育方式从正面灌输向构建网言网语的话语体系转变。在网络阵地上，“微辅导”主体对大学生以“疏”为主，以“堵”为辅，可以采取互动式、体验式、引导式、渗透式等方式，对当代大学生进行思想引领、文化导向、情感交流和学业指导。

其次，构建网络社区，打造“微辅导”平台微时代。高校思想政治教育工作要再上新台阶，就必须以“精致育人”理念全面推进“微辅导”工作。重视细节管理和过程管理，做好痕迹管理和深度辅导，提升辅导的效率，使学生能够更加容易接受，以精心、精细、精品、精益求精实现精致育人理念，充分发挥学生主动性、被动性、建设性和批判性作用，创新人才培养方式；同时也要以精致化管理理念来整合“微辅导”工作内容与平台。在“精致育人”理念指导下，结合当代大学生特点，构建“微社区”，用学生喜闻乐见的“微言微语”“微思微想”话语体系，将育人理念、价值内容和时尚文化贯穿其中，如开辟情感交流、学业指导、时尚文化、理论宣讲、创新创业、素质拓展、骨干文化、班团文化、寝室文化、公益项目、生涯规划、兴趣文化、危机干预等专门社区，与大学生共话成长话题，紧紧围绕立德树人这条主线，抓住社会主义核心价值观这个核心，有力推动大学生思想政治教育取得新效果。

再次，注重多元育人，拓展“微辅导”主体。在充分发挥辅导员这个“微辅导”主体个性化、平等式育人功能的同时，将部分优质大学生也作为“微”主体，开展朋辈教育。通过对新生各项活动的组织与服务，传导生活，引领文化，构建辅导员、优秀学生干部、优秀学生党员、优秀学生共同发力的多元化辅导格局。可以整合辅导员专业背景、知识结构、业务特长等优势资源，以团队形式在全院范围内开设助力学生成长成才“领航”微讲堂，内容包括社会主义核心价值观微讲堂、专业技能提升微讲堂、综合素养提升微讲堂；辅导员可以利用微媒体，通过特色网约的方式，为学生提供个性化指导，帮助学生解决思想、学习、情感及生活等方面的问题；可以选拔一些思想成熟、热爱生活、充满正能量的高年级学生引导低年级学生做好自我管理，尽快适应大学生活，帮助新生树立正确的人生观、世界观和价值观，养成良好的道德品质，协助解决新生的学业、生活、心理的困惑；可以在全院范围内选拔在专业学习、科学研究、技能创新、就业创业等方面有特长的学生，定期在微媒体上开展小规模的、分类别的辅导讲座，帮助有兴趣的学生找到正确的学习方法，帮助低年级学生做好职业生涯规划，提高面试、就业技巧和职场技能等。当然，“微辅导”主体要自重自律，同时增强道德判断能力，学会甄别和选择，提高个人网络修养，养成道德自律。

最后，开展特色文化活动，充实“微辅导”内容。社会主义核心价值观是思想政治教育的核心，工作实践中，要将社会主义核心价值观纳入到校园文化总体建设格局，打造极具特色的网络时尚文化环境正面引领当代大学生。可以利用微媒体开展以“绿色生活，动感人生”为口号，彰显兴趣、激情、运动等体育文化的系列活动，唤醒当代大学生的活力激情，点燃青春熊火，强健年轻体魄；可以利用微媒体开展以“崇尚道德，尊重学习”为口号，彰显勤学、致行、创新等学习文化系列活动，充分发掘每个学生的学习潜力，引领大学生在学习的道路上走得更加坚毅；可以利用微媒体开展以“乐享生活，共筑雅舍”为口号，彰显健康、温馨、和谐等寝室文化的系列活动，激励大学生继续营造健康文明的生活环境。

第七章 高校思想政治理论课精致育人教学模式概述

习近平总书记在全国高校思想政治工作会议上强调："把思想政治工作贯穿教育教学全过程，开创我国高等教育事业发展新局面。"高校的中心任务是人才培养，高等教育的根本任务是立德树人，要始终坚持育人为本，德育为先。面对新形势、新问题，高校思想教育工作者应当牢牢把握立德树人这一中心环节，把思想政治工作贯穿教育教学全过程，实现全程育人、全方位育人。如何切实地遵循教育发展和学生成长的基本规律？如何牢牢抓住大学生思想政治教育阵地，培养大学生内化自主地践行社会主义核心价值观？如何在大学生同质化教育基础上，加大非同质化个性培育，激活大学生成长的内驱力？带着这些思考，我们提出了精致育人理念，即引导大学生在规则意识下发展个性、全面发展。

精致育人是新时期大学生思想政治教育工作的必然要求和创新途径。精致育人理念的提出，是对目前高校思想政治教育工作的深刻反思，是推进全程育人、全员育人、全过程育人的全新探索，是新时期衡量人才培养质量的重要诠释，是对追求精心、精细、精品、精益求精教育管理模式的深入研究。精致育人理念旨在引领大学生正确的人生观、价值观和世界观，培养大学生自觉践行社会主义核心价值观，为中国特色社会主义事业培养合格建设者和接班人。

精致育人理念的提出由来已久，将精致育人理念运用于大学生思想政治教育工作中有着丰富的理论依据、政策依据和现实依据。理论依据是精致育人理念提出的源头，科学归纳出精致育人提出所借鉴的理论支撑；政策依据是精致育人理念提出的依托，全面总结出精致育人提出所对应的相关政策；现实依据是精致育人理念提出的现状，直接反映出精致育人提出所处的环境背景。

第一节 高校思想政治教育精致育人教学模式提出的依据

一、理论依据

理论依据是精致育人理念提出的源头，为精致育人框架的搭建和脉络的梳理提供了科学的理论指导和智力支持。

（一）精致育人理念的提出源于对大学教育主体的确认和回归

精致育人理念的提出源于对大学教育主体的确认和回归，将人的全面发展作为终极目标，将师生共同置于主体地位。马克思在《1884 年经济学——哲学手稿》中论证了人的全面发展并指出，教育是造就全面发展的人的唯一方法。人的全面发展包括人的需要的全面发展、人的素质的全面发展和人的本质的全面发展，归根到底是由人的本质的全面发展所决定的。马克思认为，人的本质“在其现实性上，它是一切社会关系的总和”。实现每一个人的自由全面发展是马克思主义的最高价值目标。个人全面发展是指在人类社会生产中尽可能使每一个人的智力、体力都得到全方位的、自由的、充分的、和谐的发展，最根本的是实现个人劳动能力的全面发展，成为“各方面都有能力的人”，这就要求思想政治教育要提升引导和服务意识，弱化以管理意识为主的训导式教育模式，积极发挥学生的主观能动性，既要重视大学生的整体性，又要区别其差异性。马克思主义强调，个性的充分发展是人的全面发展的综合表现和最高水平。精致育人就是要调动一切积极因素，促进学生成长成才，使其政治素质、思想素质和道德品质得到全面综合的发展。

马克思关于个人全面发展的学说，发展到现在恰恰体现为以人为本的科学发展观的思想。精致育人的核心思想就是以人为本，将“以人为本”的思想贯穿于尊重学生、培养学生、引导学生、服务学生的全过程。精致育人坚持以人为本，就是要把实现好、维护好、发展好学生的成才和成长需求作为大学生思想政治教育工作的归宿。从学生的根本需求出发，不断改进和创新工作方式方法，尊重学生的主体地位，发挥学生的自主创新精神，保障学生的各项权益，促进学生的全面发展。这正体现了精致育人的本质要求。

（二）精致育人理念的构建反映了对大学教育途径的探索和重建

精致育人理念将马克思主义关于矛盾的普遍性与特殊性原理进行了全新的运用和延伸。马克思主义认为，矛盾存在于一切事物当中，并贯穿于事物发展的始终，这是矛盾的普遍性；矛盾的事物有其不同的特点，即使是同一事物在其不同的发展阶段和时期也呈现出各自不同的特点，这是矛盾的特殊性。大学生思想政治教育本身就是教育者、受教育者、教育介体、教育环体等因素相互作用的、复杂的运动过程，在这个过程中必然充满着各种各样的矛盾。矛盾的普遍性与特殊性原理要求首先承认思想政治工作中的矛盾存在的普遍性与客观性，还要善于全面分析矛盾所具有的特殊性，做到具体问题具体分析。因此，思想政治教育要遵循矛盾的普遍性与特殊性原理要求，体现在具体工作中就是要分清主次，学会抓重点、抓关键并兼顾其他，克服“教条主义”“一刀切”。精致育人恰恰就是根据矛盾的普遍性与特殊性原理，在进行大学生思想政治教育工作中，一切以时间、地点和条件为转移，针对不同的学生、不同的事件采用不同的方法来解决不同的矛盾。

除此之外，精致育人理念的构建结合了现代管理学中的精细化管理理论、分层次管理理论和行政管理中对公务员管理的分类管理方法。

精致育人理念起源于现代管理学中的精细化管理理论。现代管理学认为，科学化管理有 3 个层次：第一个层次是规范化，第二个层次是精细化，第三个层次是个性化。1911 年，泰勒出版的《科学管理理论》是世界上第一本关于精细化管理的书籍，标志着一个管理新时代的到来，精细化管理理论的核心是管理要讲究科学化、标准化，采用科学合理的方法，明确责任分工和职能分工，通力协作，提高劳动生产效率。20 世纪 50 年代，日本丰田集团发明了精益生产方式，逐渐形成一种涵盖从确定目标、制定规章制度、生产标准、人员安排到质量考核全过程的完整体系。后来，又把精益思想和企业管理结合在一起，慢慢形成了精细化管理理论。精致育人源于精细化管理理念，以“精、准、细、严”为基本原则，要求管理工作做到制度化、规范化、标准化、流程化，强调执行力和绩效评估。“精”是指求精、做精，通过去粗取精，追求最优、最佳的解决方案；“准”是指准确、及时把握事物变化的规律并采取相应措施；“细”是指细微、仔细、认真，要求把工作做细、管理做细、流程管细；“严”是指考核、执行、管理要严格，强调管理制度和流程的执行与控制。大学生思想政治教育作为一项育人工程，教育对象的个体差异性决定了思想政治教育工作的层次性、多样性、复杂性、长期性。因此，大学生思想政治教育更要体现出精益求精的精细化工作理念和教育要求。

精致育人理念借鉴了现代管理理论的重要内容之一——分层次管理。分层次管理的本质是能精细识别管理对象的发展层次，设计相应的层次管理手段和方法，实施层次对应的有效管理，实现优化管理，提高管理的效率，减少管理手段、方法层次与管理对象发展层次的不对称而导致的管理资源浪费，这种管理思路与方法对纠正和改进“一刀切”管理具有重要的实践意义。在实践过程中，精致育人通过分层管理的途径，根据高校特点，将育人对象以年级进行精细分层，按照各层次大学生的实际需要，设计相应的管理规则、办法、路径，实现各层次对象管理的最优化，从而达到精致育人的最终目的。

精致育人理念还将行政管理中对公务员管理的一种方法——分类管理理论纳入框架构建之中。在行政管理中，对公共部门的人员分类管理有助于实现人力资源管理的规范化以及人员的自我激励和开发。我国《国家公务员暂行条例》规定，国家行政机关实行职位分类制度。精致育人理念以问题为导向，根据特征差异对大学生进行分类指导，以达到精心育人的目的，有利于根据不同类别学生的需求采取不同的引导方式，具体问题具体分析，更有助于探究大学生思想政治教育的内在要求，探索大学生成长成才的内在规律。

二、政策依据

政策依据是精致育人理念提出的重要依托，中共十九大的胜利召开标志着中国特色社会主义进入新时代，明确指出要优先发展教育事业，要落实立德树人根本任务，精致育人理念的提出就是贯彻落实高等教育立德树人根本任务的重要手段和创新模式。精致育人模式以人才培养为目标，以立德树人为任务，以理想信念为核心，以社会主义核心价值观为引领，其理念的提出全面总结了推进高等教育发展的相关政策文件。

（一）精致育人理念以人才培养为目标

著名教育家陶行知说过："教育是教人做人，先生不应该专教书，他的责任是教人做人；学生不应该专读书，他的责任是学习人生之道。"《国家中长期教育改革和发展规划纲要（2010—2020年）》明确强调，高等教育要"全面提高教育质量和人才培养质量"，指出"提高高等教育质量是高等教育发展的核心任务，是建设高等教育强国的基本要求。提高人才培养质量在高校各项工作中处于中心地位，高等学校要着力培养信念执着、品德优良、知识丰富、本领过硬的高素质专门人才和拔尖创新人才"。高校培养的人才应当具有高尚的道德情操和崇高的道德品格，高校作为培养社会高素质人才的基地，必须注重培育大学生的思想政治素质。市场经济体制下，在知识经济迅速发展、人力资源配置日趋社会化和全球化的今天，探索精致育人教学模式恰是助推大学生思想政治教育、提升人才培养质量的重要手段，将追求卓越、精益求精的教育理念作为思想政治教育工作者的根本遵循，致力于培养一批具备坚定的政治理想与信念，拥有卓越的创新思维和创新能力，且个性得到充分发展的优秀大学生群体，通过精致育人框架的构建，在育人的具体环节和育人全过程中，鼓励大学生个体发展的个性化和多元化。

（二）精致育人理念以立德树人为任务

立德树人是社会主义核心价值体系对高校思想政治工作的重要意义和内在要求。中共十九大报告明确提出"要全面贯彻党的教育方针，落实立德树人根本任务，发展素质教育，推进教育公平，培养德智体美全面发展的社会主义建设者和接班人"。立德，就是坚持德育为先，通过教育来引导人、感化人、激励人；树人，就是坚持以人为本，通过教育来塑造人、改变人、发展人。立德树人是高校思想政治工作的根本任务，随着高等教育内涵式发展的不断深入，随着社会发展对教育提出的新要求不断提升，立德树人任重而道远。2016年12月，习近平总书记在全国高校思想政治工作会议的讲话中强调"高校思想政治工作关系高校培养什么样的人、如何培养人以及为谁培养人这个根本问题。要坚持把立德树人作为中心环节，把思想政治工作贯穿教育教学全过程，实现全程育人、全方位育人，努力开创我国高等教育事业发展新局面。高校立身之本在于立德树人”。《普通高等学校辅导员队伍建设规定》（中华人民共和国教育部令第 43 号）明确要求“高等学校要坚持把立德树人作为中心环节，把辅导员队伍建设作为教师队伍和管理队伍建设的重要内容”。中共教育部党组关于印发的《高校思想政治工作质量提升工程实施纲要》中提出“坚持育人导向，突出价值引领”“坚持遵循规律，勇于改革创新”“坚持问题导向，注重精准施策”“坚持协同联动，强化责任落实”这四项原则。

新时代背景下，高校辅导员要牢牢把握“立德树人”这一根本任务，遵循教育规律，遵循大学生成长成才规律，创新工作模式。而此时精致育人理念应运而生，可以说精致育人模式的构建是大势所趋，适应当下高等教育立德树人根本任务所面临的新形势、新问题和新要求，它与立德树人在理论上紧密相连，具有深刻的内涵和丰富的实践意义。

（三）精致育人理念以理想信念为核心

中共十九大报告中提到，“青年兴则国家兴，青年强则国家强。青年一代有理想、有本领、有担当，国家就有前途，民族就有希望。中国梦是历史的、现实的，也是未来的；是我们这一代的，更是青年一代的。中华民族伟大复兴的中国梦终将在一代代青年的接力奋斗中变为现实。全党要关心和爱护青年，为他们实现人生出彩搭建舞台。”高校思想政治工作要将理想信念作为核心，把理想信念教育放在首位，切实抓好马克思列宁主义、毛泽东思想学习教育，广泛开展中国特色社会主义理论体系学习教育，深入学习习近平总书记系列重要讲话精神，引导师生深刻领会党中央治国理政新理念、新思想、新战略，坚定中国特色社会主义道路自信、理论自信、制度自信、文化自信。精致育人理念的提出是思想政治教育工作因事而化、因时而进、因势而新的成果，它将理想信念作为核心内容，注重以文化人、以文育人，开展形式多样、健康向上、格调高雅的校园文化活动和社会实践活动，运用新媒体推动思想政治工作传统优势同信息技术高度融合，增强时代感和吸引力，为大学生坚定理想信念、志存高远、脚踏实地、勇做时代的弄潮儿、放飞青春梦想搭建舞台。

（四）精致育人理念以社会主义核心价值观为引领

中共中央、国务院印发的《关于加强和改进新形势下高校思想政治工作的意见》（中发〔2016〕31 号）中指出“要培育和践行社会主义核心价值观，把社会主义核心价值观体现到教书育人全过程，引导师生树立正确的世界观、人生观、价值观，加强国家意识、法治意识、社会责任意识教育，加强民族团结进步教育、国家安全教育、科学精神教育，以诚信建设为重点，加强社会公德、职业道德、家庭美德、个人品德教育，提升师生道德素养。”精致育人理念的提出，引导广大学生学会以中国特色社会主义理论体系武装头脑，通过将社会主义核心价值体系融入思想政治教育中，倡导学生积极培育和践行社会主义核心价值观，树立正确的世界观、人生观、价值观，促进其德智体全面发展，使他们真正成为中国特色社会主义事业的合格建设者和可靠接班人。

三、现实依据

中国特色社会主义进入新时代，高等教育也随之迈入新征程，中共十九大报告更是深刻体现了以习近平同志为核心的党中央高度重视教育工作，把教育摆在优先发展的战略位置。教育兴则民族兴，青年强则国家强。中国特色社会主义事业已经取得了举世瞩目的巨大成就，中国特色社会主义事业是面向未来的事业，需要包括大学生在内的一代又一代有志青年接续奋斗。把“立德树人”确立为当代大学生思想政治教育的根本任务，就是要求高校坚持育人为本、德育为先，引导大学生坚定中国特色社会主义的道路自信、理论自信、制度自信，把个人的理想和奋斗融入中国特色社会主义的共同理想和奋斗之中，促进他们健康成长和全面发展，为全面建成小康社会、建设和谐社会输送优秀人才，把中国特色社会主义事业不断推向前进，实现中华民族伟大复兴的中国梦。

“95后”“00后”大学生是当前高校的主体，习近平总书记在全国高校思想政治工作会上曾提到，他们正处于人生成长的灌浆期。国际国内形势的深刻变化，各种社会思潮和价值观念的相互影响，新媒体时代的日益深入，高等教育内涵式发展的日趋深化，都为高校思想政治工作提出了更高的要求，也为当代大学生的培养带来了更大的机遇和更严峻的挑战。

其一，“95后”“00后”大学生是互联网的原住民，互联网时代的大学生思想政治教育必须具备互联网思维。互联网时代人们的精神特征，往往表现为挑战权威以及批判性思维的重建。互联网所具有的价值多元化、信息碎片化、沟通及时性等特征，给大学生思想政治教育工作带来全新的挑战。在这样的背景下，信息获取的及时性与信息传递的互动性，大大提升了大学生的自我表达空间，极大地提高了个人表达唤起群众意识的可能性。当此之时，在教育过程中，教师已不再是绝对的权威，师生之间的对话更加趋于平等，其沟通也更为及时。面对新时代的挑战，大学生思想政治教育应当充分发挥互联网功用，以使其在这一全新阵地上，得以顺利开展工作，这正是对尊重个性发展，重视细节与过程的精致育人理念的有力回应。

其二，“95后”“00后”大学生是充满自信、独具个性的一代，他们深刻感知着国家发展的巨大变化，他们身上有着鲜明的时代特征，所以对国家抱有更大的期待，对“中国梦”的实现更有信心。这一代大学生更具个性，他们大多眼界开阔、想法新奇、思维活跃、个性张扬，时代的烙印对他们的思维和行为产生深刻影响。因此，大学生思想政治教育不仅是知识的传导，更多的是价值的引领，是筑牢他们家国情怀的精神底色和理想信念的根基。面对新变化、新情况、新任务，针对大学生思想政治教育工作中存在的薄弱环节，为了更好地引导大学生树立正确的世界观、人生观和价值观，促进大学生的健康成长和科学成才，做好高校思想政治工作首先要了解受教育者的现状，从大学生这一教育主体出发，调研大学生的有效需求，深入地了解学生的情况，全面地把握学生的需要，才能切实做到有的放矢。在实际工作中不难发现，“95后”大学生在理想信念、学业规划、日常生活、课外活动、人际交往、就业创业、心理调适、综合诉求八大方面都存在着迫切需求，学生需求的种类、方向、程度各不相同，传统的同质化教育已经难以满足现实的需要，迫切需要探索非同质化的教育理念。

新时代背景下，坚持以问题为导向的精致育人理念就是行之有效的、面向个体的非同质化教育理念，主张以非同质化教育满足学生的多样化需求，形成差异化优势。

在同质化教育影响下，不同专业、不同方向的大学生却面貌过于趋同，个性化和特色的缺失，使高等学校陷入一种低效率、重复性的无序竞争状态，高校培养的学生也往往缺乏创造力和独特性。高校是追求高深知识与探索学术的场所，是培养拔尖式创新人才的地方。当前的高等教育迫切需要实现从生存型教育向发展型教育转变、从能力本位教育向个性本位教育转型、从同质化教育向个性化教育转型，实现全过程育人、全员育人、全方位育人。因此，采取以问题为导向的精致育人模式这一非同质化教育手段势在必行。

围绕立德树人根本任务，以人为本，以学生为本，就是要以解决问题为方向，坚持问题导向。大学生思想政治教育工作需要遵循教育的客观规律，尊重学生的身心发展规律；需要引领学生、贴近学生、服务学生，培养适合时代发展和需要的创新型人才；需要结合大学生的个性特点和差异，有针对性地解决学生的需求和问题，发挥学生的主观能动性，发展每一个学生的优势潜能。在高等教育大众化背景下，立德树人这一教育的根本任务的实现，需要实现非同质化的教育手段，需要将精致育人这一管理理念引入高校学生管理工作之中。

精致育人是非同质化教育的创新思考，精致化育人基于新时期立德树人这一根本任务，切实将“以人为本”作为根本遵循，将“以学生为本”作为基本定位，以促进大学生全面发展为出发点和立足点，以满足大学生多样性、个性化和差异化需求为主要目的，旨在维护每个大学生的权利，真正发挥大学生思想政治教育的育人功能。

第二节 高校思想政治教育精致育人教学模式的内涵认知

一、思想政治教育工作精致化研究综述

提高人才培养质量是高等学校在新时代背景下的中心任务。高校应结合教育发展的时代环境和历史特征，抓住大学生思想政治教育工作的特点，遵循学生成长成才规律，创造性和实效性地做好新时期大学生思想政治教育工作。目前，思想政治教育工作领域中，在创新和探索提升育人质量实践方面，以北京大学张彦教授提出的思想政治教育工作精致化理论最具代表性。该理论探索性地诠释了精致化育人理念内容，搭建了具体实施框架，做了初步的路径分析。思想政治教育工作精致化理论的提出，既是对规模办学现状进行的深刻反思，也是对追求卓越、精益求精教育理念进行的深入研讨，试图通过精致化育人理念，培养出一批具有坚定理想信念、卓越创新思维和创新能力，个性发展良好的优质大学生群体；试图通过精致化育人框架的构建，从具体细节到育人全过程都能够融入精致教育理念，鼓励大学生规则意识之下保持个体发展的个性化和多元化，为中国特色社会主义事业培养合格建设者和接班人。作为一名高校思想政治教育工作者，笔者十分认同思想政治教育工作精致化理论，并坚持将此理论运用到具体工作实践中。

思想政治教育工作精致化是在教育发展到一定阶段后社会对教育的一种客观要求，也是教育工作者实现教育理想的一种途径与方法。在高等学校，“精致化”内涵较为丰富，可以从不同角度来理解。

首先，思想政治教育工作精致化是一种全新的教育理念。精致化坚持以人为本的原则，通过系统化、科学化、专业化的育人模式，将科学管理和人文管理相结合，强调以学生为本，尊重学生的主体地位和内在需求，关注个体的个性化全面成长和发展，做到因材施教、因人施教，在教育过程中注重分类、分层次和规范化、系统化，坚持人文性和科学性的统一，是一种具有科学性的个体化的教育理念，契合了当代大学生追求个性的要求，具有强烈的针对性和浓厚的时代特色。

其次，思想政治教育工作精致化是一种科学的教育方法。大学生思想政治教育精细化主要着眼于思想政治教育的微观层面，从细节入手，慎重斟酌每一个教育环节，更多关注的是实践操作和执行层面，发挥协同育人作用，注重资源的有效整合和各种教育手段载体的综合运用。

最后，思想政治教育工作精致化是一种精益求精的教育态度。精致育人旨在促进每一位大学生个性全面发展，是一个系统的、动态的长期发展过程，难以在

较短时间内获得很好的效果。因此，思想政治教育工作者要一切从学生角度出发，保持高度的责任心和事业心，做到细心、耐心，始终饱含激情，不断创新，在生活、学习、工作中对学生进行潜移默化的影响。同时，教育工作者要不断学习、自省，善于总结和钻研，加强对学生的了解，不断提高业务能力和提升自身的修养，做到与时俱进，不断提升思想政治教育精细化水平，这样才能使学生得到更好的发展。

二、思想政治教育精致育人内涵界定

在几年的实践中，笔者对精致化理论进行了认真思考和反思，认为精致育人是精致化管理工作的核心内容。另外，在思想政治教育工作实践中提出精致育人模式，并对精致育人理念的时代意义及精致育人模式的内涵有了进一步的认识。

在笔者看来，思想政治教育精致育人模式是新时代背景下，探索提升思想政治教育工作质量的一种创新形式。精致育人是一种依托大学生思想政治教育现状，以大学生的有效需求为出发点，尊重大学生的个体差异，以文教化人心，规则之下引导大学生发展个性，满足大学生内在需求和期待的育人方式。

精致育人是遵循教育发展和学生成长客观规律而进行的细致深入的探索，是一种创新的理论。高校将精致育人融入思想政治教育的全过程，把思想政治教育做精、做细、做实。根据大学生身心发展的特点和思想品德的形成规律，对大学生思想政治教育过程进行精心设计，将思想政治教育具体化、明确化、条理化，关注每一个环节，落实到具体工作中，做到环环把握，有机衔接，精细思想政治教育过程，从而使思想政治教育规范化、细致化、精益化。精致育人要建立明确细致的教育目标，科学具体地划分教育对象，思想政治教育工作者要做到精心、细心、精益求精，“确保把思想政治教育覆盖到每一个过程、细化到每一个环节、规范到每一个步骤、具体到每一个动作、落实到每一个人员”，从而把思想政治教育做细、做扎实，做出成效、做出精品，把思想政治教育融入日常的服务与管理工作中，最终做到教学育人、服务育人、管理育人、全员育人，提高大学生思想政治教育的效果，提高思想政治教育的针对性和感染力。

三、思想政治教育精致育人基本特征

精致育人是一项自上而下实行的系统的、整体的、协同化的工程。思想政治教育工作者通过制定规章制度，培植精细化的意识，建立思想政治教育目标体系，制订精细化的教育方案，精心设计教育过程，增强辅导员的执行力，提升实效性，达到思想政治教育的预期效果。思想政治教育精致育人具有鲜明的时代特征：

（一）精致育人是一种终极价值追求

思想政治教育工作精致化是一个价值追求过程，而精致育人是精致化理念的核心价值。所谓精致育人，就是将大学育人树人之道置于哲学的思辨中，置于精妙道义的探索与运用中，更是置于大学文化的给养中。正所谓“精义入神，以致用也”。“精义入神”势必要精益求精、追求卓越，“以致用也”自然要独具匠心、精心出精品。高校思想政治教育工作是一项具有长期性、系统性和复杂性的“过程教育”，其教育效果在短时间内难以得到充分显现和客观评价。这就需要教育者将其视作人生使命和终极价值追求，持续不断地对其倾注智慧、激情和创造力。

（二）精致育人是一种育人态度

精致，本身是一种文化态度；育人，正是社会责任和时代使命。在高等学校，精致育人理念必将推进思想政治教育工作浸润中西学养，博采众家之长，深刻打上文化的印记。而所谓文化态度，则是以文教化人心。这种文化态度对于教育主体一方，则要求要有“为中国而教”的使命感，有“为更好的教育”的目标感，尊重个体发展，追求至真、至善、至美的育人境界；对于教育客体一方，则要求要有“独立的精神，自由的思想，完善的人格”，要敢于挑战权威，敢于整合与重建。精致育人理念正是注重了人的精神生活，强调了育人的人文效益和学校文化的育人功能，形成了一种以文化为特征的育人态度与方法。

（三）精致育人是一个更高的教育层次

精致育人是社会发展到一定阶段后对高等教育的客观需求，是对传统育人方式的替代。它倡导“科学管理”与“人本管理”的融合，科学精神与人文精神的统一。它将“人本”和“人文”精神体现在思想政治教育工作的每一个环节中，尤其是涉及人的思想、人的心灵等方面。精致育人在强调“培养什么样的人”的基础上，更加关注“怎样培养人”和“如何培养好人”，即着眼于思想政治教育工作的微观操作和具体执行。它将思想政治教育工作视为一个动态发展过程，坚持从细节入手，强调育人过程与效果并重。在教育内容上体现针对性，在教育安排上体现科学性，在教育方法上体现艺术性。

第三节　高校思想政治教育精致育人教学模式的基本原则

一、制度建设为先原则

作为一个终极价值追求，精致育人的实现需要制度作为保障。制度的基本价值体现在思想政治教育精致化管理过程中。一是制度界定了教育主体的职责范围。职责清晰是教育主体开展工作的基本准则。实施精致育人，需要制度明确规定为谁服务和对谁负责，明确规定工作方法、工作流程、具体方法和评价机制。二是制度保证了公平。精致化管理是以公平为前提的，公平包括机会公平和结果公平。实施精致育人，需要制度来维系教育对象享有同等发展机会，需要制度来保证教育对象共同受益于教育资源和成果。三是制度明确了教育对象“自我”的度。实施精致化管理，是以教师为主导，学生为主体。精致育人更加强调教育对象自我规划、自我管理、自我服务、自我批判、自我改变。教育对象“自我”是以完善制度和法定程序为前提的。这个前提就是“度”，这个“度”是老师主导的依据，是学生“自我”的一面墙、一条高压线。

二、以学生为本原则

精致育人是一种科学管理与人文管理融合、科学精神与人文精神统一的育人方法。坚持以学生为本原则，一方面体现了精致育人的目标是学生全面发展。这就要求我们在思想政治教育工作中，坚持“一切为了学生、为了一切学生、为了学生一切”育人理念，服务学生、关心学生，为全体学生搭建更为广阔的成长平台，调动和激发学生的积极性和创造性，培养出一批又一批具有坚定理想信念、爱国主义情怀、强烈的社会责任意识、卓越的创新思维和能力、人格发展完善的全面发展大学生。另一方面精致育人充分尊重了教育对象的个体差异。这就要求思想政治教育工作要有针对性，引导大学生在规则意识下发展个性，依照“因材施教”的原则创造性开展工作。精致育人尊重了学生价值，注重了学生精神生活。同时，精致育人突出了教育对象主体地位，强调了教育对象内在价值。

三、系统过程原则

精致育人工作是一项系统育人工程，由空间维度、时间维度、类别维度等多个环节和子目标构成。精致育人坚持系统过程原则有两层含义，一是指过程管理的完整性，通过规划把日常工作中容易割裂的工作环节有机地衔接起来，在一个总目标的统领下，分别对每一个环节进行精巧设计，将育人子目标分散到每一个环节中；二是指管理系统的整合性，通过一条主线、一个理念将日常工作中看似孤立的各项工作整合为一项系统工作，用普遍联系的观点将所有工作项目建立逻辑关系，使他们能够发挥整体功效、实现多个管理目标，而不是局限于单个项目的单一功能目标。精致育人通过优化工作流程，将育人每个环节都做到质量控制，实行事前规划、事中控制和事后反馈。同时，精致育人要求对育人框架中子目标和总目标进行有效的时间管理和进度控制，通过分散的精致过程实现整体的精致育人效果。

第四节　高校思想政治教育精致育人教学模式的框架构建

要清晰构建精致育人框架必须深刻、全面理解思想政治教育工作精致育人的理论内涵。从内涵上说，精致育人理念体现出精心、精细、精品、精益求精，尊重个体差异性和个性特征等内容，是一个以理念体现文化、以文化教化人心的人才培养过程；从特征上说，精致育人理念应当遵循卓越性、绩效性、科学性、创新性价值追求，应当对具体内容及环节进行精心设计、精心安排和精心组织，并能够针对不同个性发展特点、不同年级、不同地域的学生进行分类引导。笔者在思想政治教育工作实践中积极探索践行精致育人理念的有效路径。总结如下：

一、思想政治教育主体“四精”追求

要实现精致育人理念，教师作为该理念的实施主体之一，要在思想政治教育工作实践中体现出“四精”，即精心、精细、精品、精益求精。实践中这4个维度之间呈递进关系。“精心”更注重对这一教育理念的认知程度和实践态度，教师应当精心设计精致化教育的具体实施、过程把握、信息反馈、阶段调整等环节，精心为不同年级、不同特点、不同发展阶段的学生量身打造适合其个人发展的教育方式和途径。“精细”更注重精致育人理念在原则上的明确、制度上的完备和程序上的规范。这种明确、完备与规范的状态并非是面面俱到、无所不包，而是要关注到学生成长中的原则性和关键点。“精品”即精致化管理的成果，精致育人理念的初衷就是培养完整的人，应当注重典型事例、典型人物等实践成果的育人效果，在不断总结提高中推进育人过程。“精益求精”即精致化管理的内涵追求和价值追求，强调在精心设计、精心培养、精细育人、精品育人等环节后，在关键点、原则、规范的确立和遵守基础上，仍要不断追求卓越的更高境界，这充分体现出思想育人无终点，始终保持对个人发展潜能的认知。

二、思想政治教育客体“四性”认知

要实现精致育人理念，学生作为精致化育人的另一重要主体，在日常生活和学习自我管理中，应当完成“四性”的认知和改变，即“被动性、主动性、批判性、建设性”的认知和改变。这四者之间既呈现先后逻辑关系，也呈现出个人认知发展特点的规律性。“被动性”即区分大学教育和高中教育的差别，学生应明确大学不同于高中时期被动接受教育和管理的模式，大学教育的自主性逐渐增强，自我管理意识和能力急需提高，特别是在时间管理、自我规划、学习方法等诸多与学生切身相关的实际问题上呈现更大的自主性和自由度，需要尽快适应和转变；“主动性”即与被动性相对应，学生有意识地培养自身在大学学习、生活中的自主性和参与度，更多学会自我规划、自我管理、自我服务，培养对问题的预判能力和解决能力，能独自面对问题，自主解决问题；“批判性”即敢于表达自我、挑战权威，在充分认知和研究学习的基础上，对不合理现象、不适应个人发展的状况有批判的意识，树立批判的精神，大学的责任在于培养敢于领先时代，具有前沿思维，拥有独立精神和完善人格的人，因此，这种批判性的倡导更是为了重建与创新；“建设性”即有意识地培养和锻炼自己为改善环境、改革机制、改变弱点而提出具有建设性的意见。批判性的重建是对创新思维和创新能力的更高要求，要通过学生建设性的意见和建议，形成自下而上的反馈和建设机制，不断推进精致育人理念的成熟和发展。

三、思想政治教育精致育人三项维度

笔者认为，精致育人理念的提出既是管理范畴，又是文化、意识范畴，因此，将大学生思想政治教育工作中的精致育人管理框架分为精致文化、精致思维、精致管理三大类。在精致文化中，将与大学生在校学习、生活息息相关的课堂和寝室作为精致化教育的两大基础阵地，将丰富和完善大学生个性发展和提升综合能力的校园文化作为精致文化教育的重要抓手和有效途径，由此界定了大学生思想政治教育工作中精致文化的外延，明确了精致文化的着力点和落脚点。在对精致思维框架的构建中，将管理学中的科学管理思维和人本管理思维相互融合，呈现相辅相成的补充关系，提倡以人为本的管理思想，并重视管理过程中的科学性、系统性、规范性，突出定量与定性分析相结合的重要意义，并将互联网时代背景下，对创新思维的需要和培养作为精致思维的重要组成部分，站在现实基点，充分展望未来教育的前瞻性需求，真正做到大学生思想政治教育工作中的思维领先。在精致管理内容的确定上，提出规则管理、个性管理和痕迹管理 3 个方面，3 个方面既各具特色又相得益彰，并呈现清晰的逻辑关系，体现精致管理思想的思维体系就是要在大学生明确规则的前提下，发展个性，兼容并包，提倡多元化、个性化的发展理念，即提倡规则之下的个体自由。这一方面要让大学生树立正确的世界观、人生观和价值观，拥有坚定的理想信念，做中国特色社会主义事业和实现中华民族伟大复兴的中国梦的坚决拥护者和继承者。另一方面要让大学生充分挖掘和培养自身潜能，从自身实际出发，逐步培养个人的核心竞争力，提升个人综合能力和社会竞争力。在规则管理和以深入辅导为方式的个性管理之外，还包括学生痕迹管理内容，旨在以大数据和大事件为依托，提高管理的预测性，逐步探索学生发展的规律性，服务于基础科研，从而更好地指导实践。

第五节　高校思想政治教育精致育人教学模式的路径选择

精致育人是一个依托大学生思想政治教育现状，以大学生的有效需求为出发点，尊重大学生的个体差异，以文教化人心，规则之下引导大学生发展个性，满足大学生内在需求和期待的人才培养过程。思想政治教育精致育人模式主要包括以下几个方面工作。

一、需求管理

大学生有效需求管理是思想政治教育工作的出发点，是思想政治教育者发展的动力。需求管理，前提是发现学生需求，正视学生需求。在学生需求的驱动下，思想政治教育工作者会主动思考，主动研究，适时调整工作模式、方法与内容；需求管理，核心是找准学生需求。大学生的需求无处不在，表现形式多种多样。在思想政治教育推进过程中，既要找准共性需求，也要找到个性需求。既要找准表面需求，也要找到深层次需求。更为重要的是，要在大学生众多需求中找到其成才成长过程中不可或缺的个性化有效需求；需求管理，关键是满足学生需求。发现学生需求、找准学生需求是过程，思想政治教育的最终目的是要做好路径设计，满足学生有效需求，这也是思想政治工作者的终极价值追求。

思想政治教育工作做好需求管理，对大学生思想和行为发展发挥着不可替代的作用。一方面，通过解决大学生自身存在的认同困惑等适应性问题，对大学生思想和行为发展发挥主导作用。大学生思想政治教育，不仅要讲社会的价值规范，发挥思想政治教育内容的主导作用，还要研究大学生在接受国家社会价值规范过程中存在的接受认同困惑，把握大学生自身存在的与社会价值规范的差距问题，这两方面的问题也可以理解为思想和行为中的问题。研究把握问题是解释、解决问题的前提。只有解决了大学生思想和行为中的问题，才能使他们接受社会的价值追求和规范体系，也才能实现对他们思想和行为的引导。另一方面，通过满足大学生自身学习、日常生活等发展性需求，对大学生思想和行为发展发挥指导作用。大学生在现实生活中，存在很多实际有效需求，诸如未来的发展方向、现实中的学习方法、处理人际关系的技巧、恋爱与否的抉择、网络生活的挑战、学习与休闲的把握、学习与工作关系的协调等。这些个性化有效需求能否得到有效满足，直接影响大学生的学习生活和未来的发展。从关心大学生成长发展的角度，高校的思想政治教育主体应该创新育人模式，为大学生提供个性化辅导，满足大学生个性化有效需求，只有这样，大学生才能更愿意接受社会价值规范。

二、联动管理

大学期间是学生发展的关键时期，对于个体来讲，这种发展涉及家庭关系、社会环境和学校教育对个性的塑造。三者之间互为补充，互相促进。家庭和社会教育与学校教育的良好呼应，有利于形成优质的教育氛围。

家庭教育在精致育人中起到基础性作用。一方面，学校育人教育中的文化浸润与精神倡导，需要家庭教育给予重视和认可，并有意识地配合学校对学生个体成长进行塑造；另一方面，对特殊群体学生的教育，需要家庭教育积极有效地介入，帮助学校做好痕迹管理和成长背景调查，为专业引导和教育提供支持。学生、家长、育人主体三者之间形成良性互动是高等学校开展精致育人的重要前提和基础。

精致育人要重视社会资源对学校教育的补充作用。学校应当充分整合社会教育资源、优化社会教育资源配置，在社会实践中帮助学生了解世情、国情、社情，增强自身实践能力，找准人生发展坐标，树立成长成才理想，实现社会需求与个人理想的合理对接。

学校教育是精致育人的核心环节。精致育人首先要明确育人的针对性，要明确将课堂和寝室作为主要阵地，真正契合学生实际生活、学习情况，注重学生成长中的细节和过程管理，鼓励学生规则意识下个性成长；其次要有明确目标性，要将大学生理想信念教育作为重要抓手，调动和激发学生的积极性和创造性。最后要具有可操作性，精致育人是一种具有特定价值追求的教育模式，通过精致文化、精致思维和精致管理等内容积极构建育人框架，对大学生开展分类、分层教育。

三、分层管理

大学一年级新生的首要任务是适应。从高中到大学，学习和生活方式、心理适应度、人际关系和环境适应度以及自我认知度等都发生了深刻变化。适应这种变化成为一年级新生的有效需求，教育主体可以在新生中进行氛围教育、融入教育和规则教育。氛围教育通过“自立从今天开始”“迈好成长第一步”“学长朋辈引路”“独具匠心的校史教育”等主题活动，帮助新生在入学之初就能感受到大学独立、自由、开放的生活氛围。融入教育通过“互动体验式社团活动”“团队辅导与军事训练”“多元交融校园文化展览”等主题活动帮助学生完成人际交往的破冰行动、树立团队意识、实行激励与反馈机制、形成团队整体风尚和价值观，帮助新生尽快建立自身朋友圈，形成和谐的人际关系，更好融入大学生活。规则教育通过“师生面对面访谈”“引导式调查问卷”“个人成长档案分享”等主题活动帮助新生熟悉大学规章制度、校规校纪，明确学习、生活所需遵循的原则和规范，培养初步自我规划能力，实现学生个性、潜能、兴趣等方面发展的最优化和最大自由度。

大学二年级是大学期间的关键时期。在此期间，教育主体要对学生进行学业教育、艺术教育和心理教育。学业教育要注重学业计划、专业技能和社会实践3个方面内容。帮助学生订制个人学习计划，激发学生学习兴趣与潜力，利用“精英班”等形式拓展专业学习深度及广度；注重理论与实践的结合，提高学生解决问题的能力，利用“挑战杯大学生科技作品大赛”“大学生创业计划大赛”等专业竞赛形式提升学生专业技能；鼓励学生学以致用，积极开创教学实习基地，开展卓有成效的社会实践活动，提升专业教育的生动性和实用性，艺术教育是大学生素质教育的重要内容，通过陶冶情操、提升品位、滋养心灵，进而激发灵感、启迪智慧、鼓励创造。艺术在大学生成长中的作用无可替代，通过形式多样的学生社团活动，让多元艺术文化的浸润始终伴随学生成长，帮助学生形成完整的人格品质，营造丰富的精神世界。心理教育则是在尊重大学生兴趣、爱好和特长的基础上，根据学生不同心理特征和个性特点，培养逆商、情商和快乐生活的智慧，及时调试在适应环境、人际交往和个人发展等方面遇到的困难，让“快乐学习”“快乐成长”理念伴随每一位学生成长。

大学三年级学生对自己和社会有了更客观的认知。此时，教育主体应对学生进行发展教育和职业教育。发展教育是指学生根据自身价值理念、人生理想、综合实力、兴趣指向、实际需要等相关因素，对自身的职业生涯规划进行评估和修改，教育主体要引导和帮助学生科学、合理规划未来发展方向和路径。对发展目标明确的学生，要在关键环节和平台上助力成长；对发展目标较为模糊的学生，要帮助其完成自身优劣势分析，平衡兴趣取向和实际需求的差距，做初步的发展规划。职业教育包括职业取向和就业指导。通过专业实习、社会实践、自我认知等环节帮助学生做好职业定位；通过模拟面试、职场模拟、创业大赛等形式，鼓励学生在实践中发掘自身潜能，提高就业技能和就业能力。

大学四年级学生即将结束大学生活，教育主体应对学生进行感恩教育和毕业教育。感恩教育是通过注重毕业典礼，建立校友档案，分享成长经历，开启“我写校史”等活动来延续学生大学精神和大学情结，激发学生感恩父母、感恩老师、感恩社会的情怀。毕业教育主要体现在教育主体对学生毕业就业、升学、出国等各个环节的指导上，和对学生在办理各项毕业手续、毕业派遣、签订劳动合同等具体内容上的服务，促进管理和服务的规范化、科学化和人性化。

四、分类管理

学生在适应大学生活和自我发展过程中，会形成特征典型的特殊群体。例如，成长困难学生群体，包括学业困难、家庭贫困、心理脆弱、学籍异动、离群索居、人际障碍和性格偏执等；区域特点典型化学生群体，包括城市生源和农村生源、省内生源和省外生源、经济发达地区生源和经济发展落后地区生源等；优质学生群体，包括学生党员、学生干部、团队领袖和具有特殊才能的学生等。

教育主体应根据不同群体特征采取不同应对策略。对于优质学生群体，要多方位、多角度提供平台，助力其成长成才；区域特点典型学生，要了解他们的生活方式、风俗习惯、信仰禁忌等，因势利导，使他们能够融入氛围，适应大学生活；成长困难群体，是教育主体重点关注对象。针对不同类型群体的特点，采取积极有效的措施有针对性地进行指导和引导，必要时借助专业人士与专业机构，因材施教，帮助他们树立正确的价值观和人生观，快乐生活、快乐学习，圆满完成学业。

五、朋辈管理

以兴趣小组为依托，探索朋辈管理新模式。兴趣朋辈型自我管理产生于新时代特定背景下，是以兴趣爱好为基础，以青年大学生为主体，群体内活动的终极目标就在于创造一种氛围，激发成员学习与创造的热情，培养独立自主的思维能力，帮助成员树立正确的人生观、世界观、价值观。根据兴趣小组自上而下、自下而上、成员之间的内部组成特点，兴趣朋辈型自我管理主要有思想引领、学业指导、情感交流、文化熏陶四个方面的内容。

思想引领主要是引导学生树立正确的世界观、人生观、价值观，培养学生独立思考能力与明辨是非能力，加强学生的政治素养和理论素养，通过大学生党员、积极分子、共青团员多层次多方面的交流和沟通，使得朋辈之间自觉形成讨论氛围，以引领学生思想认识不断成熟发展。

学业指导主要是通过对自身专业的不断研习和各项比赛的积极参与，朋辈之间形成的竞赛精神、钻研精神、团结精神在兴趣小组中刮起一阵勤学善思之风。通过高年级对低年级同学在专业上的辅导，有助于低年级组员更为客观、全面地认识所学专业，树立正确的专业观，激发其对学习的兴趣与热爱，从而使其在学习中更具备主动性、创造性。

情感交流主要是指不同学子以兴趣凝结，在交流过程中自然会减少很多摩擦和阻碍，更能促使志趣相投的学生找到“知音”。促进朋辈之间的情感交流与心灵对话，让朋辈在心理疏导、情感宣泄等方面以同辈人的低姿态，更好地服务低年级学生，在这种新老交流的良性互动中，学生的情感找到归属，以情感凝结伙伴，引导行为，不仅能够为低年级学生消除环境变化的焦虑与不安，更能为高年级学生的生活注入活力与激情。

文化熏陶贯穿于兴趣小组朋辈互动的各个环节。兴趣小组中自上而下的规则引领是一种制度文化；小组内部成员之间良性的互动体现出一种和谐文化；在赛事面前团结拼搏、永不服输、互帮互助、尊重比赛、尊重对手，更是小组成员对体育精神的诠释。

六、项目管理

思想政治教育精致育人模式将项目管理理论引入思想政治教育过程中来。思想政治教育工作者将日常工作进行科学的总结、提炼，围绕高等教育立德树人的中心目标，创造性地开展教育引导活动，并以项目的形式呈现在工作中。同时项目的酝酿、产生、评估、反馈的过程也是思想政治教育工作者自身不断提高职业技能和职业能力的重要过程。项目一旦确立，实行扁平化管理，提高项目推进效率，对新时代背景下思想政治教育引导方式方法创新与开辟工作新思路具有重要意义。

首先，创新了思想政治教育工作者的工作机制和方法。以项目的方式整合优势资源，充分发挥个人主观能动性，深入调查学生所思所想，形成自下而上反馈实施，自上而下指导落实的科学工作机制。

其次，丰富了帮助学生成长成才新渠道。项目本身来源于实践，并接受实践的检验，是学生自我管理，辅导员积极引导并共同提炼总结，尊重个性化和差异化发展的重要工作方式。因此，更利于帮助学生成长成才，增强自身内驱力。

最后，搭建了思想政治教育工作者工作交流新载体。以精品项目的方式给思想政治教育工作者工作方法提供新载体，打破传统工作梳理方式，促进日常管理工作的形式创新，化整为零，更利于系统性呈现，方便相互交流学习。

七、文化引领

校园文化主旋律凝聚共识，精致文化带动校园新风尚。将校园文化模块化是精致文化的创新举措，实现精致模块式的以文化人。精致模块式以文化人主要激发受教育主体的主观能动性，以具有中华民族独特精神标识的中华传统文化、革命文化、社会主义先进文化为方向，以社会主义核心价值观为统领，在高校思想政治教育工作者的引导和指导下，大学生自主开展独具特色的校园特色文化活动，包含体育文化、学业文化、寝室文化、骨干文化、班团文化和典礼文化等，推进精致模块式以文化人。

以“绿色生活，动感人生”为口号，彰显兴趣、激情、运动的体育文化，唤醒大学生的活力激情，点燃青春熊火，强健年轻体魄。

以“崇尚道德，尊重学习”为口号，彰显勤学、致行、创新的学业文化，充分发掘每个学生的学习潜力，引领大学生在学习的道路上走得更加坚毅，营造和谐向上、开拓进取的学习氛围。

以“乐享生活，共筑雅舍”为口号，彰显健康、温馨、和谐的寝室文化，激励大学生营造健康文明的生活环境，展示青年学生积极向上的文化氛围。

以“谦逊而不恃骄，坚毅而不刻板，乐观而不迷惘”为口号，彰显谦逊、坚毅、乐观等骨干文化，激励大学生骨干承担起属于自己的责任，坚持信念，不忘初心，追求极致理想。

以“崇文”“重誉”“明志”为内涵，彰显尊崇知识、知行合一、重视诚信、崇尚荣誉、开阔视野、志在四方等班团文化，培养学生集体意识，奉献精神，团队合作的能力，坚持将个人民主与集体团结有机融为一体，全面深入推进学生综合发展。

以“知行有礼”为主题，彰显明礼、悟礼、行礼等典礼文化，使得学生晓礼而知耻，从而崇德尚善，自主明确目标，以学业为重，感恩师情培育，学成回馈社会。

八、网络育人

创新网络思想政治教育形式，开设思想政治教育“微辅导”。在网络阵地上，“微辅导”主体对大学生以“疏”为主，以“堵”为辅，可以采取互动式、体验式、引导式、渗透式等方式，对当代大学生进行思想引领、文化导向、情感交流和学业指导。

构建网络社区，用学生喜闻乐见的“微言微语”“微思微想”话语体系，将育人理念、价值内容和时尚文化贯穿其中，与大学生共话成长话题，紧紧围绕立德树人这条主线，抓住社会主义核心价值观这个核心，有力推动大学生思想政治教育取得新效果。

注重多元育人，通过优秀学生干部、优秀学生党员等优质学生对新生各项活动的组织与服务，传导生活，引领文化；整合辅导员专业背景、知识结构、业务特长等优势资源，以团队形式开设助力学生成长成才“领航”微讲堂；通过特色网约的方式，为学生提供个性化指导，帮助学生解决思想、学习、情感及生活等方面的问题。

引领特色文化，将社会主义核心价值观纳入校园文化总体建设格局，打造极具特色的网络时尚文化环境，正面引领当代大学生，利用微媒体开展体育文化、学习文化、寝室文化、班团文化、骨干文化、典礼文化等系列活动，唤醒当代大学生的活力激情，充分发掘每个学生的学习潜力，引领大学生在成长成才的道路上走得更加坚毅。

第八章　高校思想政治理论课精致育人教学模式的效果评估

近年来，人们对教育质量和教育评估事业的重要性越发关注。大学生思想政治教育效果评估是大学生思想政治教育的重要环节，是检验大学生思想政治教育效果的重要依据，也是大学生思想政治教育理论研究与实践活动相结合的重要课题。2016 年 12 月 7—8 日，习近平出席全国高校思想政治工作会议并发表重要讲话，习近平指出，做好高校思想政治工作，要“因事而化”“因时而进”“因势而新”。要遵循思想政治工作规律，遵循教书育人规律，遵循学生成长规律，不断提高工作能力和水平。以精致育人凝练和深化大学生思想政治教育，既是思想政治教育实践的客观需要，也是思想政治教育理论建设的必然要求。

对精致育人的效果进行评估具有很强的现实意义，不仅可以对大学生思想政治教育的效果进行合理评估和科学判断，检验精致育人工作实效性，而且还可以帮助我们对当前精致育人活动的优点与缺点、经验与教训进行总结归纳，为下一步加强和改进精致育人的内容和载体提供科学的决策依据，促进大学生思想政治教育的科学化发展，保证大学生思想政治教育目标的顺利实现。

第一节　效果评估的意义和作用

对精致育人效果进行评估是全面贯彻党的教育方针，有效实施素质教育的基本保证，是提升大学生思想政治教育管理水平，保证思想政治教育质量的有效手段。其意义和作用主要体现在以下几个方面：

一、有利于实现精致育人的目标性和导向性

作为社会主义的高等学校，思想政治教育必须全面贯彻党的教育方针，坚持教育为社会主义现代化服务，为人民服务，与生产劳动和社会实践相结合，培养德智体美全面发展的社会主义建设者和接班人。在高等教育大众化背景下，大学生的思想政治素质、高校的人才培养质量对办人民满意的高等教育、建设人民满

意的高等学校提出了新的、更高的要求。大学生的思想政治素质是高校培养人才的关键所在，是高校思想政治教育的根本目标和社会价值。

教育的实践主体和价值主体都是人，主要是通过教育教导工作，陶冶人性、铸造健康完善的人格，促进学生的全面协调发展。大学教育作为学校教育的高级阶段，通过专业知识的传递、学习和创新，肩负着培养学生成为社会需要的专业人才和能力协调发展的全面人才的双重使命。通过精致育人教育理念，让学生更明晰大学教育的目标所在，有利于进一步启发大学生学习的自觉性，调动其勤于思考的积极性，激发其敢于创新创造的进取性，使其成为新世纪国家发展的宝贵人才资源。

对精致育人效果进行有效的评估可以作用于大学生教育的定向，也可以检验精致育人教育工作方法是否科学、是否有效。通过开展精致育人效果评估，利用收集的数据资料，可以为精致育人理念未来更好地发挥作用打下良好的基础，从而更好地实现引导大学生在规则意识下，尊重个性、全面发展的精致育人的发展目标。只有对精致育人的每一个环节，每一个活动以及最终产生的实际效果做出全面、科学、合理的评价，才能及时发现错误、弥补不足、纠正偏差、强化导向，才能确保精致育人教育目标的实现，推动精致育人朝着正确有序的方向不断迈进。

二、有利于增强精致育人的针对性和实效性

针对性是实效性的前提和基础，唯有提高针对性，尊重受教育者的差异性特征，实施个性化培养，充分体现工作的人性化关怀，才能确保工作取得育人实效；实效性是针对性的目标和保障，唯有工作取得实效，才能证明我们所采取的教育措施得到了实践的检验和认可。当代大学生通常具备比较成熟且差异较大的价值观念、心理认知和行为模式，这决定了大学生教育具有“多开端”的突出特点，自然要求教育者必须分层次、分类别、有针对性地开展教育工作。

精致育人理念的“精致化”，正是在大大提高教育针对性的基础上，保证了教育的实效性。一方面，精致育人不但能够充分尊重受教育者的主体地位，确立以学生为中心的教育服务理念，而且能够充分发挥教育者的创造性，关注学生发展需要，思其所想，送其所需，最大限度地从学生个体成长的微观角度出发并施以关怀。在精致育人理念下，教育工作者因事而化、因时而进、因势而新，综合考量工作对象、教育目的、发展环境、实施时间等多重因素，因地制宜、因“人”而异，采用不同的工作方法，围绕学生的发展精心设计、精心安排、精心组织，使学生从中受到感染、得到教育，能够最大限度地实现思想政治教育目标。另一方面，精致育人有助于把握教育发展规律，提高工作的科学性，在实践中切实做到遵循教育规律、加强科学研究、讲求科学方法。在过去相当长的一段时间里，我们的教育工作很多时候处在维持正常运转、凭感觉和经验安排处理工

作的“经验事务型”阶段，科学化程度不高。作为一种科学管理模式，精致育人坚持科学原则、讲求科学方法，强调制度管理、规范管理和标准化管理。精致育人将推动我们从教育科学和管理科学的角度出发，坚持探索青年成长、发展规律，积极吸纳教育学、青年学、社会学、心理学、管理学等相关学科的研究成果，在教育目标设定、措施推行、效果反馈、经验总结、理论提升等诸多环节实现科学设计，从而不断提高工作的科学性。

精致育人效果评估是对精致育人整体开展运行情况进行全面检验和评定的一种基本形式，也是大学生思想政治教育系统中的重要组成部分和基本工作环节。面对当前时代变迁和社会发展出现的新形势和新问题，我们必须不断加强对精致育人教育状况的研究，进一步掌握大学生思想政治教育的基本规律，建立健全科学、全面、系统的“精致文化”效果评估体系。效果评估必然将对精致育人各方面做出科学的评价，从而有效地规范工作。久而久之，可以内化产生一种持续的效力，逐渐形成一种思维习惯和工作氛围，使人们自觉或不自觉地按照评估效果去完善精致育人。并且对于精致育人的实施主体而言，通过效果评估可以帮助高校思想政治教育工作者牢牢把握精致育人的指导思想、内容、原则、形式、方法等一些基本问题，能及时获得有关精致育人教育实施情况的信息，从而比较全面、准确地把握精致育人的总体进展情况，了解集体或个人各方面水平提高的程度。尤其是可以通过效果评估对精致育人教育体系中存在的突出问题和亟待解决的薄弱环节有一个基本判断和清醒的认识，并根据相关资料和获得的信息调整或改进精致育人教育体系，不断完善精致育人的各个环节，从而促进学生潜能的发挥，个性的发展，培养德智体美全面发展的社会主义事业合格建设者和可靠接班人，为我国教育事业做出贡献。

三、有利于提升思想政治教育工作者的责任感和使命感

自 2004 年 8 月《中共中央、国务院关于进一步加强和改进大学生思想政治教育的意见》（中发〔2014〕16 号）下发以来，各级党委、政府和高校认真贯彻落实中央决策部署，紧紧围绕“立德树人”这一根本任务，抓住关键环节，采取有效措施，创新途径方法，完善体制机制，扎实推进各项工作，大学生思想政治教育工作呈现良好发展态势，大学生理想信念更加坚定，爱国热情持续高涨，社会责任感显著增强，道德素质和文明素质明显提升，大学生思想政治面貌发生了可喜的变化。

与此同时，我们也不能忽视，与党和国家事业发展要求相比，与大学生健康成长的需要相比，与广大人民群众的期望相比，大学生思想政治教育工作还存在较大差距。在高校思想政治教育的实践中，仍存在着“一手硬，一手软”的现象，很多人对大学生思想政治教育的重要性和紧迫性认识不统一、不到位，对思想政治教育工作缺少明确思路、具体措施和有力支持。探究问题产生的主要原

因，就是对大学生思想政治教育缺乏有效的检查评价。对精致育人效果进行有效评估，就是通过实实在在的效果体现来展示大学生思想政治教育，变“看不见、摸不着”为“看得见、摸得着”，以此转变人们对大学生思想政治教育认识上的偏差，赢得社会和教育对象的肯定，获得大学生思想政治教育的外在推动力。通过精致育人效果评估，大学生思想政治教育工作者也可以对自己的工作有一个正确的认识，对工作成绩有一个更为客观的自我比较和自我评价，能全面认识到自己工作的优缺点，以此调动他们工作的积极性、主动性和创造性，践行“精心、精细、精品、精益求精”的“四精”理念，分层次、分类别、有针对性地开展教育工作，增强他们对大学生思想政治教育的责任感和使命感，从而为大学生思想政治教育事业做出应有的贡献。

四、有利于丰富思想政治教育的内涵和外延

“精致化”概念来自管理学领域，后引进教育学领域。精致育人是在教育发展到一定阶段后社会对教育的一种要求，也是教育工作者实现教育理想的一种途径。思想政治教育的内涵，是各种各样思想政治教育活动存在的根据，而外延是指思想政治教育的边界或范围，受思想政治教育内涵的制约和调控。内涵和外延，是两个相互对应却又相互依赖的概念。进入 21 世纪以来，随着经济全球化、知识经济的蓬勃发展，国际高等教育正在经历深刻变化。“精致化”的核心思想是“为了每个受教育者的全面发展”，思想政治教育“精致化”注重教育资源的有效整合、多种手段的综合运用以及德智体美教育的协调配合，既可充分发挥思想政治教育在培养学生政治素质、完善人格和高尚品德方面的重要作用，又可充分发挥专业教育在培养学生人文素养、科学精神和学术能力方面的重要作用，客观上能够促进思想政治教育同专业教育的交融，打破“第一课堂”和“第二课堂”的传统界限，构筑起各类教育工作共同服务于育人根本目标的整体教育格局。精致育人实际上是一种体现了时代理念的终极价值追求，是一种更高的教育层次，体现教育内容上的针对性、教育安排上的科学性、教育方法上的艺术性。

精致育人效果评估，是对大学教育途径和方法的探索与重建，致力于丰富和完善大学生个性发展，重视管理过程中的科学性、系统性、规范性。在具体的实施过程中，更加注重精致育人理念在原则上的明确、制度上的完备和程序上的规范，但这种明确、完备与规范，并非面面俱到、无所不包。精致育人效果评估便是从“以人为本”的角度，在强调“培养什么人”的基础上，更加关注“怎样培养人”和“如何培养好人”，即着眼于思想政治教育工作的微观操作和具体执行，将思想政治教育工作视为一个动态发展过程，坚持从细节入手，强调育人过程与效果并重，通过优化工作流程，将育人每个环节都做到质量控制、事前规划、事中控制和事后反馈，对育人框架中子目标和总目标进行有效时间管理和进度控

制，通过分散的精致过程实现整体的精致育人效果，从而进一步丰富和深化了思想政治教育的时代内涵，拓展了“精致文化”的外延。

第二节　效果评估的原则

精致育人效果评估的原则既要反映新时期大学生思想政治教育的目的要求，又要符合新时期大学生思想政治教育自身的运动规律。为了克服效果评估的主观性和随意性，就必须遵循一定的原则，以起到指导和规范作用。

一、方向性原则

习近平总书记强调，高校思想政治工作关系高校培养什么样的人、如何培养人以及为谁培养人这个是根本问题。方向性原则决定并保证思想政治教育评价活动的性质和方向的准则，是根据思想政治教育党性原则的客观要求，指导和制约评价活动方向的基本规则。精致育人效果评估的方向性原则直接关系到高校“培养什么人”“如何培养人”的核心问题，体现了社会对高等教育的政治发展要求，体现了高等教育的办学方向。中发〔2004〕16 号文全面系统地规定了大学生思想政治教育的指导思想、基本原则、主要任务、实施途径等内容，这既是大学生思想政治教育的行动纲领，也是开展大学生思想政治教育评价活动应该坚持的方向。大学生思想政治教育评价体系的构建，要坚持大学生思想政治教育评价体系的方向性原则，全面反映大学生思想政治教育目标要求，以中发〔2004〕16 号文精神为核心，必须坚持与党的路线、方针和政策保持一致，坚持以马克思主义理论为指导，坚持社会主义的价值导向。只有如此，才能在错综复杂的形势面前，发挥大学生思想政治教育为党的事业、社会主义事业服务和保证的作用。

二、客观性原则

大学生思想政治教育评价的内在要求决定了精致育人效果评估应遵循客观性原则。思想政治教育是一个客观的历史过程，思想政治教育评价是对这一客观历史过程的反映。大学生思想政治教育是一门实践性很强的科学，离开了客观性，就必然会走上主观主义形式化的道路。客观性原则，是指在构建大学生思想政治教育评价的过程之中，一定要坚持实事求是的原则，从对大学生思想政治教育的客观历史过程及其各个具体环节客观事实的调查分析入手，做出客观的评价，不能主观臆断或掺杂个人感情，要真实掌握实际情况，了解大学生思想政治教育的过程及其实际效果。客观性原则应该贯穿于大学生思想政治教育评价的全过程。从开始设计和构建评价体系的综合标准，就必须根据客观实际，客观公正地确定标准，而且标准一旦确定，就不能随意变更和调整。在开展评价的过程之中，要广泛调研取证，吸取反馈意见，力求做到公平、公正、公开地解决和处理问题。只有遵循了客观性原则，才能进行科学的判断，及时发现问题和不足，从而深入推进大学生思想政治教育精致育人的良性发展。因此，大学生思想政治教育效果评估构建必须遵循客观性原则，客观反映大学生思想政治教育工作的实际，以确保大学生思想政治教育评价结果经得起实践的检验。

三、规律性原则

规律是事物发展过程中的本质联系和必然趋势。科学地揭示事物发展的规律，是把握事物的本质乃至实现创造与超越的基本依据。规律性原则是指大学生思想政治教育精致育人效果评估必须要在掌握大学生的成长、发展与需求规律，把握大学生的思想变化规律的基础上，遵循其自身的规律，按客观规律办事。精致育人效果评估既要立足探求对大学进行什么样的具体教育，立足于精致育人理念自提出以来已经取得的实际效果，也要深层次地考察精致育人各子系统的内在关联和相互影响。把握规律性原则，一方面，要把握多元文化背景下当代大学生的成长、发展和需求的规律，与学生的积极成长保持一致，与学生的要求保持一致，与学生的发展趋势保持一致；另一方面，要把握并遵循促进精致育人价值实现的规律，而价值实现的规律就是教育过程的规律，它是人们对思想政治教育活动深刻认识的体现。在效果评估中，只有结合这些规律才能使精致育人效果评估有效地发挥作用。

四、以人为本原则

以人为本是大学生思想政治教育要坚守的原则，是方向也是指导思想，如何落实以人为本的指导思想是大学生思想政治教育者要关注的重点问题。科学发展观的核心是以人为本，落实到大学生思想政治教育上就是以学生为本。将以人为本作为大学生思想政治教育精致育人效果评价的基本原则是树立和落实科学发展观的本质要求，也是进一步实施科教兴国战略，不断推进教育事业的改革和发展的具体体现。树立起以学生为本的理念，更加关注大学生在成长过程中的内在需求，更加关注大学生在学习过程中的切身感受，把这一理念贯穿到大学生思想政治教育的各个环节，就要体现大学生思想政治教育的服务性，为学生服务是“以学生为本”理念最好的体现。以学生为本，就要求大学生思想政治教育者要坚持解决思想问题与实际问题相结合的工作原则，着眼于大学生的实际利益，关心他们的全面发展，积极为他们创造良好的学习生活条件，努力解决他们在现实学习生活过程中遇到的实际问题，不但要关心他们的学业问题，还要关注他们的生活问题、交往问题和情感问题。让大学生思想政治教育从书本走进大学生的实际生活，从文本变成实实在在看得到、感受得到的利益，只有这样既讲理论又务实的大学生思想政治教育才能实现实效性。培养自觉性、调动积极性、激发创造性，使大学生将社会的思想品德要求转化为个体的思想品德，这一转化过程是一个极其复杂的思想内部矛盾运动过程，只能靠受教育者自己去完成，是教育者、评价者和任何人都不能代替的。特别是在文化多元化背景下大学生的主体性得到空前觉醒，精致育人要想产生效能，就必须坚持以人为本的原则，注意从大学生特点及个人的实际出发，使大学生思想政治教育评价的目的、要求和方向符合接受者的根本利益，满足其个体成长和发展中的合理需要。

第三节　取得效果的现实分析

2017 年 1 月，通过网络收到有效问卷 582 份。问卷分为基本信息和精致育人相关问题共五大部分。问卷样本基本组成情况为：关于性别，男性比例为 25.95%，女性比例为 74.05%；关于年级比例，2016 级即大一年级占 47.25%，2015 级即大二年级占 24.74%，2014 级即大三年级占 25.95%，2013 级及以上即大四年级和之前毕业年级占 2.07%；关于填写问卷人员来源，为开展精致育人所在单位学生的占 98.63%，其他单位的占 1.37%；关于所在专业，会计学占 37.8%，工商管理占 13.4%，人力资源管理占 13.4%，市场营销占 8.93%，旅游管理占 7.56%，工程管理占 17.87%，其他专业占 1.03%。

一、精致育人效果调研

本书对问卷调查结果进行细致的定量分析，整体把握精致育人取得的效果，并以样本基本属性为横向，精致育人问题调查为纵向对重点问题交叉研究，深入探究造成相关问题的原因。现对精致育人现状总结如下。

首先，精致育人整体理念认知度较为广泛，但主体内容的参与度有待提高。

在“你对‘精致育人’理念的了解程度”问题回答中，半数以上的受访者表示很熟悉，包括 13.94%的同学选择很了解，知道体系下的 3 个维度以及每一个维度下的具体内涵；40.45%的同学选择知道这个理念以及基于这个理念下开展的各项活动；34.6%的同学选择只是听过，对具体内容不了解。从总体来看，受访学生普遍对精致育人理念有了基础及更深层次的认知。

在“你对商学院‘微辅导工作室’的了解程度”问题回答中，关注了“微辅导工作室”微信平台的同学占 94.68%。可见，“微辅导工作室”微信平台的推广工作做得比较到位，受到了同学们的积极关注。其中，选择“很了解，关注了微辅导微信公众平台，进行过微咨询，参加过其开展的很多活动，并得到了很多帮助”的同学占 19.76%，选择“关注微辅导微信公众平台，听老师和同学们提过，只是参加过几次活动，但没有参加过线下具体的微辅导、微咨询”的同学占48.97%，选择“只是关注了微信平台，只知道线上不知道线下，并没有参加相关活动”的同学占25.95%。由此可见，虽然同学们关注微辅导微信公众平台，但对于线下实体微辅导工作室了解不多，线下活动的参与度仍有待提高。

其次，精致育人理念下的“精致文化”涉及的三大板块得到了学生的普遍认可，但“精致文化”的内容有待于进一步丰富和拓展。

在“‘精致育人’理念下的‘精致文化’涉及尚学青年、绿动商院、乐活雅舍三大板块，近两年来开展了众多丰富多彩的课余活动，对这些活动你怎么看”问题回答中，绝大多数同学认为这些活动使他们从中受益。57.56%的同学认为尚学青年板块开展的征文比赛、调研比赛、演讲朗诵比赛等，增长了见识，锻炼了能力；73.88%的同学认为绿动商院板块开展的早操活动、跳大绳、踢毽子比赛、慢跑活动等，锻炼了身体，强健了体魄；71.82%的同学认为乐活雅舍板块开展的寝室文化节、小咖秀比赛、最美寝室评比活动等，增进了同学之间的关系，培养了友谊。

在对三大板块开展活动的喜爱程度评估中，题目设置1～10分代表喜爱程度越来越强，“尚学青年”板块同学们的平均给分为7.04分，且给予满分10分的占25.95%；对“绿动商院”板块同学们的平均给分为7.43分，且给予满分10分的占30.41%；对“乐活雅舍”板块同学们的平均给分为7.54分，且给予满分10分的占32.99%。由此可见，精致育人理念下的“精致文化”涉及的三大板块所开展的各项活动深受同学喜爱，但仍可以通过提升活动内涵、丰富活动载体来进一步增强广大同学的喜爱度。

在“你还希望学院开展哪些关于精致文化的活动”问题回答中，不论是学术性沙龙讲座，讲解考研、出国、实习、专业课学习、企模挑战杯等，还是文体活动、书画设计活动或是精致文化与社会实践相结合，形成多元化精致文化活动，都有超过半数学生表示期待。这充分体现了在精致活动的热烈感召下，学生们参与度越来越高的同时，更加热切地希望在更多元化的平台上有所收获。

再次，“微辅导工作室”为同学们提供了个性化的需求服务，使同学们受益匪浅，但更精致化服务成为学生新的期待趋向。

在“‘微辅导工作室’成立两年以来，给你带来了哪些积极影响”问题回答中，76.98%的同学认为通过微信公众平台，给学生带来丰富的学院活动信息，给学生活动带来多元化选择；63.57%的同学认为定期的微辅导座谈会、讲座，从导师的角度对学生的大学生活及未来进行规划和指导，开阔了学生的视野；50%的同学认为设立了线下微辅导工作室，定期有老师值班，为学生解答疑虑，满足学生个性化需求；56.87%的同学认为朋辈导师项目的开展，加强了学生的自我管理，有利于学生的个性化培养。可见，“微辅导工作室”在同学们的大学生活方方面面均起到了正向的激励作用。

同学们对“微辅导工作室”相关建设给予了较高的评价。在“对‘微辅导工作室’线上微辅导微信公众平台板块的喜爱程度”问题回答中，同学们的平均给分为 7.45 分，在“对‘微辅导工作室’线下微辅导工作室辅导员微咨询板块的喜爱程度”问题回答中，同学们的平均给分为 7.37 分，在“对‘微辅导工作室’朋辈导师项目板块的喜爱程度”问题回答中，同学们的平均给分为 7.66 分。

朋辈导师项目是微辅导工作中的一个重点项目，在“你对朋辈导师怎么看”问题回答中，学生们认为助理辅导员、寝室小导师、学业小导师等项目对其帮助很大，他们在不同的方面树立了榜样，产生了很积极的引导作用。但 7.22%的同学认为朋辈导师还存在一些不足之处，仍需要改进。

在“对于‘微辅导工作室’你觉得还有哪些需要提高的地方”问题回答中，过半数学生认为微辅导工作室应精简微信公众平台信息，对现有信息进行整合和分类；完善线下微辅导工作室的预约机制，完善微咨询服务；优化朋辈导师队伍，提高朋辈导师能力以及丰富学业小导师内容，增加学业小导师的吸引力。这充分体现了学生对日益成熟的微辅导工作室有了更高层次的需求和渴望。

最后，精致育人整体育人效果积极正向，但仍存在进一步加强和改进的需求。

精致育人理念提出两年来，同学们对学院和学校的认同感、归属感明显增强，在“‘精致育人’理念提出两年来，对你的哪些方面产生了影响”问题回答中，最多的两个选项为：69.76%的同学认为丰富了大学生的课余文化生活，提升了自身的能力；68.9%的同学认为营造了良好的大学文化氛围，有助于提高自身文化修养。与此同时，也有一些学生在个体受访时，对扩展精致育人的内涵、丰富精致育人的载体、凝练精致育人的个性服务等方面提出了宝贵的意见和建议。

二、精致育人取得较好成效的归因分析

教育要实现精致化，首先要用精益求精的态度，做好教育的每一件事及实施好教育的全过程，真正树立“教育精品”的质量观，达到以精致创精品，以精品求发展的境界。

（一）以人为本，是精致育人的出发点

教育的真正主体是个体的“人”。精致教育就是要把所有的重点放在学生的发展上。精致育人理念体现以人为本，做到既约束人又激励人，既依法治校又以德治校，真正贯彻实施一种尊重、理解和关心人的人性化管理制度。因为学生是大学校园管理中最活跃、最重要的因素，是大学校园管理的起点和终点，是大学校园管理的动力和核心，学生素质的高低、教职工积极性发挥得好坏将直接影响管理的成败。在科学技术快速发展的今天，科学和民主的观念已经深入人心，对

存在与价值的关心程度更加强烈。我们在精致育人中特别注重教育管理的人性化，设置人性化的管理制度，把学生放在第一位，这样才使得“精致文化”拥有了自己的灵魂和生命，才能得到广大师生的认同。因此，以人为本是精致育人取得成就的首要原因。

（二）个性化培养，是精致育人的追求

学校追求的个性化培养，是以保护学生的个性为出发点，通过严谨、科学的教学实践，培养学生对问题的敏感性，对理性思考的信仰与依赖，从而培养学生在学习过程中独立解决问题、克服困难的能力，挖掘出每一个学生的潜力。作为精致化理念终极价值追求，精致育人既是一种价值追求，又是一种教育模式，同时也是一种育人态度。精致育人本身就是教育在发展到一定程度后，社会对教育的一种客观要求。在育人过程中，精致育人理念尊重个体差异和个性特征，强调育人的精心、精细与精益求精，致力于培养精英人才。它倡导科学管理与人文管理的结合，科学精神与人文精神的统一，从细节入手，强调育人过程与效果的并重，体现了教育方法上的艺术性。

（三）“三位一体”是精致育人的基本路径

面对当代中国独生子女的通病——自私、冷漠、任性、缺乏自制力，被关注过多却又缺乏真爱。作为一种文化态度、管理理念和教育模式，精致育人理念促进了精致文化、精致思维、精致管理“三位一体”育人框架的建构，从而为精致育人的深入推进奠定了坚实的基础。在精致育人中，将情感教育与认知教育放到了同等重要的地位，将其作为“精致教育”的一条主线，贯穿于德、智、体、美、劳教育之中。实施精致育人必须坚持制度为先、以学生为本和系统过程等原则。“三位一体精致化互补育人”“年级差异精致化分层育人”和“特征差异精致化分类育人”等路径设计，为精致育人的深入开展奠定了坚实的基础，使学生在精致育人中历练成长，收获快乐。

（四）骨干队伍建设，是精致育人的助推

在精致育人实践中，建立了以辅导员为核心的教师团队，组建了以朋辈教育为主线的学生导师队伍，打造了以学生会和各大服务中心学生干部为骨干的管理团队。教师队伍担负着精致育人的设计者和领航者的角色，朋辈导师担负着精致育人执行者的辅助角色，同时也担负着“精致文化”传播者的重要责任。在精致育人的生动实践中，坚持“全员育人育全人”“以学生为本”“科学精致育人”的指导思想，坚持以科学、精细的思路完善骨干队伍建设，构建全员育人工作格局、设计日常思想教育内容体系、实施个性化学生管理与服务、加强队伍专业化建设，形成了全员参与、多主体影响、学生深度受益的崭新局面。

三、精致育人实施过程中存在的问题

（一）精致育人内涵理解还需要进一步深入

精致育人实施的一个重要前提是要科学理解其深刻的内涵，明确精致育人的概念，了解精致育人的特征和原则，对精致育人的概念和外延都要做到深入研究，并且很好地做到内化，不能只知皮毛，不求甚解。不同于企业产品生产，大学生思想政治教育精致育人要求教职工在理解精致育人内涵的基础上把精致育人和大学生思想政治教育融合在一起，做到有机结合。高校实施精致育人就必须坚持以学生为本，培植精致化意识，提高对精致化内涵的认识，对大学生思想政治教育进行整体的规划和引导，追求精益求精，同时关注思想政治教育的细节和过程，抓住关键问题，强调执行力，进而达到科学化的教育。目前精致育人存在灵活性不足和执行力不足的一个重要原因就是对精致育人的科学内涵理解不到位，抓住了精致化的客观要求，却忽视了人的主观因素，才使得精致化过程中陷入误区，不能达到实际的教育效果。

（二）精致育人创新性仍有待进一步提升

社会时代不断发展变化，科技发展突飞猛进，互联网日益普遍，这都带来了信息文化的多元化。环境的巨大变化，也给当代大学生带来了巨大而又深刻的影响，他们身上带有鲜明的时代特征，有很大的好奇心，更喜欢新奇的事物，更具创造性。从目前精致育人的具体实施过程来看，仍然存在创新性不足的问题。一方面是思想政治教育内容创新性不足。当前高校思想政治教育内容主要向学生传输的是社会要求的思想道德规范和道德标准，向学生呈现的多是好的一面，与学生实际生活有一定距离，脱离学生生活实际，呈现出高、大、上、虚的特点，不能很好地满足广大学生的有效需求。另一方面是精致育人方法的创新性不足。科技的发展带来了互联网的高速发展，大学生思想政治教育方法也要具有现代化的特点，具有互联网思维。目前，大学生思想政治教育方法还存在陈旧、单一的问题。从总体来看，主要还是通过文件传达、制定规章制度、参与评比的方法来进行的。在精致育人中，我们利用新媒体平台，创建了“微辅导工作室”，开展了线上线下同步的活动，虽然思想政治教育媒介上有所创新，但在实际开展的活动内容上仍无法摆脱传统思想政治教育模式的束缚。

（三）精致育人保障机制略显缺失

精致育人注重的是执行结果和执行力的保障。规章制度是行动的前提，没有规矩不成方圆。规章制度和运行机制是精致育人的前提。如强调以学生为本的精细化理念，而在实际工作中执行不到位；又或者制定诸多的具体实施措施，有些制定的措施本身因为缺乏科学性和现实可操作性而导致执行效果不佳。因此，构建大学生思想政治教育制度体系，健全和完善大学生思想政治教育保障机制，明确教师职责和岗位功能，明确社会分工，加强领导机制建设，激励老师和学生不断进步，可以有效推动精致育人的有效实现。

第四节　进一步深入做好精致育人的路径分析

进一步推进精致育人要精确把握精致育人的科学内涵，树立以“学生为本”的教育理念，以精益求精的态度在教育理念、教育内容、教育方法、教育载体、教育管理等方面不断改进创新。积极探索精致育人的运行过程、运行机制、信息化管理，执行保障等方面，以实现思想政治教育的科学化和细致化，促进大学生全面发展。

一、转变教育理念，进一步深化对精致育人的理解

（一）坚持以生为本

苏联著名教育学家苏霍姆林斯基认为，一个人想主动学好行善，想在集体中树立自己美好的形象，使自己变得优秀、杰出，这就体现了教育最宝贵的一方面。教育的目的就是培养社会需要的各种人才，最终实现人的全面发展。同样精致育人的出发点和落脚点也都是当代大学生，教育的各个环节如规章制度的制定、教学过程的实施、教学效果的考核评估等都要立足于学生，树立以生为本的理念，尊重学生个性的多样性、差异性和层次性，科学具体地细分学生，联系学生生活实际，相信学生的能力，调动学生的主体性，激发学生的潜能，不仅让学生拥有好的成绩，还促进全体学生的全面健康发展。

（二）培植精致育人意识

思想影响行为，甚至有时会对行为产生决定性的作用，有什么样的思想就会有与之相对应的行为。精致育人要想取得良好效果就必须科学理解精细化的内涵，提高对精致育人的理解，树立精致育人教育理念，培植精致育人意识，通过不断地学习逐渐理解、认同并最终达到内化。首先，要在学校组织全体教职员工学习精致育人内涵。每一位教职员工通过对精致育人概念的学习，可以真正认识、深刻理解精致育人的内涵，并通过不断地学习能从内心真正认同，牢固树立精致育人意识。其次，加大对精致育人理念的宣传力度。通过多种方式对精致育人教育理念进行广泛宣传发动，树立精致育人的典型，使一些教职员工改变以前推脱、漠视的工作态度，引导每一位教职员工自觉增强服务意识，用细节体现特

色，坚持一丝不苟、认真负责的态度，使精致育人成为一种自觉行为和习惯。

（三）深化全员育人的观念

大学生思想政治教育精细化是一项系统的、整体的、复杂的教育工程，如果仅仅只是依靠政治理论课教师和辅导员是很难实现预期目标的。传统高校大学生思想政治教育主要力量是政治理论课教师和辅导员。政治理论课教师主要对学生进行教学工作，教授学生思想政治相关理论知识，而辅导员负责学生的许多方面，包括日常生活、学生心理、人际交往和就业指导等。中发〔2004〕16 号文明确指出："广大教职员工都负有对大学生进行思想政治教育的重要责任。"也就是说在高校里，从上到下，党、政、工、团、理论课教师和辅导员，包括后勤人员在内的每一位教职员工都应该清楚地知道，除了自己的本职工作之外，对大学生也有育人的责任，应该积极参与到大学生思想政治教育中来，最大限度地发挥自身的潜力，同时改变以前独立工作、平行工作的局面，不再是各自为政，而是统一部署，协同合作，建立思想政治教育职能互补的网络，形成齐抓共管的局面，形成管理育人、教育育人、服务育人的全方位、全过程、全员育人的大格局。

二、发掘教育内涵，进一步突出精致育人下大学精神文化的主导作用

（一）凸显精致育人的精神文化作用

大学精神文明是大学文化的核心，它是大学人在大学的一切活动方式、制度文化、行为文化和环境文化的集中体现。大学精神文明发展是内化和外化的辩证统一过程，大学精神文明的目的和意义是"育人"。无论是对身在其中的大学人发展，还是对大学自身的发展都有着不可或缺的意义。精神的作用是巨大的，精致育人这一精神文化也亦然，是大学的凝聚力、创造力、生命力之所在。精致育人文化不是抽象的、空乏的，它是一种感召力、向心力和凝聚力，在一定条件下可以转化为大学生追求理想目标的巨大物质力量，这股力量就是人们对实现理想目标的一种价值追求。精致育人理念的提出是对大学教育主体的确认和回归，是对大学教育所处的时代环境的美好回应。而精致育人文化不仅符合这种当前新媒体快速发展的时代要求，而且让师生之间的对话更趋于平等、及时，更加尊重个性发展且重视细节与过程。

（二）注重大学精神的挖掘和培育

大学精神是大学文化最重要的核心和灵魂，大学精神体现在高校的办学理念之中。大学从本质上来说是一个文化机构，是将人类的先进文化转化为大学人个人的内在力量，促进大学人发展的过程。大学通过文化的继承、传播和创造促使

大学人不断地社会化、个性化和文明化，最终发展成为符合时代要求的高素质人才。在精致育人理念下，亮化精神文明，使精致育人的精神文化从不同角度、不同途径深入浅出地感染和优化广大学生的道德素质和文化修养。

（三）增强大学精神文化建设的使命感

大学精神文化建设是一个系统工程，需要一个漫长的过程，必须循序渐进，稳妥推进。受实用主义、功利主义思潮的影响，大学里重物质、轻精神的观念不是短时间可以扭转的，对精神文化的重视和认同要得益于大学文化观念的转变。因此精致育人理念首先要从动机上激发主体建设大学文化的使命感，特别是精神层面的大学文化。在这方面，学校可以大有作为，如充分挖掘学校、学院历史传统和学科建设成就等宝贵资源，制定具有美好前景的学校发展战略和规划；根据办学思想和理念，大力营造崇尚科学、严谨求实、善于创造，具有时代特征和学院特色的校风、教风和学风；树立榜样作为学习、模仿的对象，透过榜样的力量让人明白什么是真正的“大学精神”，怎样才是一个真正的“大学人”。总之，通过这样的方式，唤起师生对大学文化建设的使命感、责任感，把对大学文化精神的追求变为一种信仰，引导他们积极地投身到大学文化建设中。

三、开展媒介素养教育，进一步丰富精致育人的新媒体视角

新媒体互动性、移动性强和自主个性化的信息服务特点深刻影响了大学生的成长和发展，影响了他们的生活、学习、交往方式和思想政治观念的形成，成为大学生认识社会、认识世界的重要渠道。但同时新媒体环境下衍生的信息污染、信息爆炸和信息侵略所导致的大学生舆论逐渐被同化、独立思考判断能力不断下降、沉浸于低俗娱乐文化等现象给大学生思想政治教育带来了严峻的挑战。适应信息环境的变化，归根结底需要加强对大学生媒介素养的培养。

媒介素养包括人们对各式各样的媒介信息的解读能力。除了基本的听说读写能力之外，还要批判性地观看、收听并解读影视、广播、网络、报纸、杂志、广告等媒介所传播的各种信息，以及使用宽泛的信息技术来制作各种信息的能力。媒介素养是一个素质概念，它的宗旨是使大众成为积极善用媒体、制造媒体产品、对无所不在的信息有主体意识和独立思考的优质公民。提高大学生的媒介素养，建立起积极有效的、对信息批判接收的反应模式，使大学生在汹涌而来的各种新媒介信息面前不迷航，提高对各种负面信息的免疫能力，学会有效利用新媒体帮助自己成长进步，是大学生媒介素养教育的根本目的。实现这个目的，可尝试采取以下举措。

（一）帮助大学生增强对传播媒介影响的认识

只有正确认识传播媒介对大学生的影响，深刻认识媒介影响的根本原因和途

径，才能更加有针对性地实施教育。研究调查表明，许多人对传播媒介的作用、性质、影响有不同程度的错误认识，他们往往容易走两个极端，不是夸大就是忽视传播媒介的影响。在很多情况下，媒介的影响是与个人原有的认知结构、态度、个性、价值观和生活环境密切相关的。也就是说，原有的生活经验决定了他们的媒介兴趣和媒介选择，在社会环境的影响下，接受或改变了一些原先的知识、社会规范和行为规范。媒介影响其实是媒介传播和个人因素共同作用的结果。它的影响不是直接的、即时的，而是间接的、长期的、潜移默化的。如果能充分估计到各种因素的作用，就会在一定程度上解除对媒介的戒备状态。同时，大学生在接触媒介时，不是被动的接收者，他们登录各类网站或查阅各类信息常常处于某种“媒介需要”。接触媒介主要是为了满足交往需要，忘记烦恼并摆脱生活压力的需要，消磨时间的需要，刺激情绪的娱乐需要以及学习需要等。譬如，跟不上网的人比，上网的人在下列媒介需求上表现出更强烈的倾向：发现自己需要的信息、认识自己崇拜的人并与他们通信联络、扮演与现实不同的新角色、课外学习或研究感兴趣的问题、感受新鲜刺激等。这些需要都是在个人所处生活环境影响下，在与媒介交互作用中产生的。生活在不同环境下，有了不同的媒介需要和接触经验，就会选择不同的媒介以及不同的媒介内容来满足自己，进而产生了不同的媒介影响。

（二）引导大学生提高对媒介的批判鉴赏能力与创造传播信息能力

首先，引导大学生掌握一些媒介知识。这些知识应包括两个方面：一是应该了解媒介信息不都是客观事实，它是经过对现实加工制作出来的，是基于现实生活的，但绝对不等同于现实生活；二是应该了解自己的现实生活才是最重要的，媒介所营造出来的生活可以作为一种参考，也可以作为将来发展的可能性之一，但绝对不能代替自己的生活。其次，引导大学生对现有的媒介内容进行解构分析。譬如，随着互联网媒体使用的增多，网站正逐渐成为受欢迎的教育资源，然而并非每个站点的资源都是好的，那么如何确定一个站点是否值得使用呢？我们可以从技术、目的、内容、发起者、实用功能、设计等方面去评价一个网站的权威性和可靠性，看该站点是否提供了解决问题所需要的信息。建构主义认为，知识是学习者在一定的情境即社会文化背景下，利用必要的学习资料和他人的帮助，通过意义建构的方式获得的。学习者要成为意义的主动建构者，就要主动搜集、分析相关资料和信息，对所学习的问题提出各种假设，并努力加以验证。

（三）发挥课堂教育在媒介素养教育中的主渠道作用

学校是大学生最主要的活动场所，在学校教育中发展系列媒介素养教育课程，对大学生进行系统的媒介素养教育，是提高大学生媒介素养的主要途径。首先，应当确立大学生媒介素养的教学目标与大纲。目前学界认为媒介素养主要应包含对媒体认知、情绪、美学、道德四方面的知识与能力，简单地说，认知是一切与媒体有关议题的基本认识与了解，例如媒介与广告商的关系，媒介的把关与议题设定功能等特性，情绪是个人对媒体的摄入与精神层次的影响，美学是对媒体使用科技与制码等方面的认识，道德是从批判的角度来看待媒体。大学生媒介素养教育应当将这几个方面有机融合在一起。其次，注意教育方式方法。媒介素养教育所传递的知识观念与一般学科有所不同，它需要以活泼的教学方式来吸引学生亲自参与，这就需要教育者跳出传统教学授课模式，在教学方法上不断创新。通过游戏或者实际制作的过程促进学生的思考、自省；通过典型示范的做法推动学生的自律；通过交流、对话实现与学生深层次的沟通。最后，积极借鉴国外成功经验。媒介素养教育在国外开展的较早，已形成了一定的模式，取得了令人瞩目的成绩，教育者在开展媒介素养教育的过程中要注意在各个环节中借鉴外国媒介素养教育的成功经验，并将之与我国目前媒介素养教育所面临的实际现状结合起来，以开创有我国特色的媒介素养教育模式。

四、服务学生成长成才，进一步筑牢精致育人长效服务机制

加强和改进大学生思想政治教育，要坚持解决思想问题和解决实际问题相结合。因此，我们必须帮助大学生解决实际问题，努力使精致育人紧紧围绕大学生就业、学习、经济、生活等方面的问题，构建学生成长成才的服务育人体系。

（一）加强就业服务体系建设

通过加大大学生职业生涯规划教育，加强对毕业生的就业指导工作，建立健全校、院两级联动的就业工作机制，加强就业信息服务，建立完善毕业生就业网，鼓励和扶持大学生自主创业，探索校企合作的培养模式，建立大学生实训基地等途径，积极构建全校教职员工全员参与就业工作的新格局，把大学生就业工作当作“儿女工程”来抓，努力为毕业生搭建更加广阔的就业平台，全面提高毕业生就业率和就业质量。

（二）加强经济困难学生资助服务体系建设

坚持“资助与育人相结合”的原则，建立以奖、勤、助、贷、缓、减、免为主的救助家庭经济困难学生的保障机制；积极争取社会资助，进一步完善以国家助学贷款、勤工助学为主，以奖学金、助学金、困难补助、学费减免、绿色通道为辅助的机制，有效解决经济困难学生在思想、学习、生活、心理等方面存在的问题，帮助经济困难学生顺利完成学业；通过开展家庭经济困难优秀大学生评选活动，举办家庭经济困难优秀大学生先进事迹报告会等活动，选树典型，表彰先进，激励他们自立自强，拼搏进取。

（三）加强心理健康教育服务体系建设

切实加强对大学生心理健康教育工作的领导，把大学生心理健康教育纳入学校教育的整体规划之中，逐步构建全方位、多层次、立体化互动的大学生心理健康教育体系；做好学生心理普查，建立大学生心理档案，及时了解和掌握大学生心理健康状况；完善心理健康教育课程体系，积极开展心理健康教育与咨询工作，为大学生提供及时、有效的心理健康指导与服务，帮助他们处理好学习成才、择业交友、健康生活等方面的具体问题；加大大学生心理危机干预工作力度，健全大学生心理健康危机预警机制，及时预防、合理处置因心理问题而产生的突发、危机事件。

（四）加强大学生社会实践服务体系建设

目前，品德实践仍然是大学生思想政治教育活动中最薄弱的环节之一。高校思想政治教育实践活动的场所主要还是集中在大学校园内，活动方式是以第二课堂活动等形式存在。加强思想政治教育实践的探索，加强和完善学生社会实践的服务机制，一是要把社会实践课纳入学校教育课程体系和学分体系，分配必要的学时，组织大学生参与到校内外的社会实践活动中去；二是科学设计大学生实践活动的内容和方式，适当压缩实践性较强的课程，缩短课堂教学时间，增加实践活动学时；三是学校、院系要结合自身的实际，挖掘社会实践内容，拓宽社会实践载体，丰富社会实践形式，增强社会实践活动的吸引力和感染力。

（五）加强大学生综合性服务体系建设

切实落实“一切为了学生，为了学生的一切”的办学理念，深化大学生服务中心的各项建设，逐级构建大学生服务体系，解决好大学生的生活、工作、学习、权益等各个方面的疑难问题，倾情打造“一站式”服务品牌，为更好地促进大学生健康发展和成长成才服务。

五、加强理论研究，进一步完善精致育人实践框架

深化理论研究是增强大学生思想政治教育工作生命力的关键环节。高校要充分认识到开展大学生思想政治教育理论研究的重要性和实效性，要紧密结合大学生的思想现状和实际，紧密结合当前精致育人的现状和实际，采取积极有效措施，以应用性研究为重点，研究解决当前大学生思想政治教育中存在的突出问题的方法和措施，积极开展精致育人理论研究。在认识上，我们必须树立一种正确的态度，即思想政治教育是一门独立的学科和专业而不是政治的附属品，要通过研究、实践、再研究的模式进一步加强精致育人的理论研究工作，不断改进精致育人的方式方法，使之逐渐进入良性循环的运行状态，提高其质量与效果。在精

致育人理论研究内容上，要充分考虑教育对象的特点和实际需求，体现我国的文化传统和社会发展进程等方面的特点，及时总结大学生思想政治教育的宝贵经验，认真探索精致育人的新途径，大力推动理论研究新成果。在精致育人理论研究方法上，必须重视实践、立足实践，要在理论与实践之间找到恰到好处的链接点，除了教师的讲授外，通过座谈、辩论、社会实践等大学生喜闻乐见的方式方法，调动学生参与的积极性。在制度上，可以建设一支高层次、高水平的思想政治教育理论队伍与宣传队伍，建立完善政治理论科研制度和科研奖励制度，营造积极的理论研究环境和氛围，以提高政工队伍和全体教师思想政治理论研究的积极性和科研水平。在思想政治教育理论研究资源配置上，人力资源是最重要的，不仅要建设一支形成梯队的队伍，而且要形成适合这支队伍存在发展的机制，使思想政治教育研究者和工作者在选拔、使用、考核、发展的机制中，既对思想政治教育领域有所贡献和建树，又能使自身得到相应的发展和成长。另外，还要有一定的财力来支持相关课题、进行调查研究和社会实践等有益的活动，营造良好的研究和工作环境，使精致育人研究及工作有机地融入整体工作中去。

主要参考文献

陈芳，2017. 职业院校精细化职业指导体系构建研究［J］. 中国高新区（23）：54.

陈雪斌，2014. 高校思想政治理论课青年教师队伍研究［M］. 桂林：广西师范大学出版社.

戴钢书，2015. 高校思想政治理论课实践教学论［M］. 北京：中国人民大学出版社.

范迎波，2017. 从粗放型到精细化：大学生思想政治理论教育创新的逻辑［J］. 云南行政学院学报，19（4）：128-132.

方鸿志，李洪军，2013. 高校思想政治理论课教学管理创新研究［M］. 沈阳：辽宁大学出版社.

方世南，2007. 高校马克思主义思想政治理论课程改革创新研究［M］. 北京：人民出版社.

冯培，2013. 新媒介时代高校思想政治理论课创新体系研究［M］. 北京：旅游教育出版社.

高姗，2016. 以精细化理念为导向的大学生思想政治教育探究［J］. 经贸实践（15）：242.

葛长波，王晓琼，陈文杰，2017. 大学毕业生"精细化"就业指导探究［J］. 学校党建与思想教育（24）：79-80.

葛红兵，2016. 思想政治教育话语体系研究［M］. 北京：中国文史出版社.

耿雯，2017. 博雅教育在我国高校思想政治教育中的作用研究［J］. 现代职业教育（24）：19.

顾海良，2016. 高校思想政治理论课程建设研究［M］. 北京：中国人民大学出版社.

顾海良，佘双好，2006. 高校思想政治理论课教学改革研究［M］. 武汉：武汉大学出版社.

顾胜贤，2017. 精细化管理模式在高校学生管理工作中的运用研究［J］. 考试周刊（A2）：180.

顾友仁，2011. 中国传统文化与思想政治教育的创新［M］. 合肥：安徽大学出版社.

顾钰民，2016. 马克思主义理论学科建设和思想政治理论课教学研究［M］. 北京：中国人民大学出版社.

桂昌宁，2017. 高校服务市场的开放与规范管理研究［J］. 高校后勤研究（11）：5-7.

郭纯平，2014. 我国高校思想政治理论课实践教学研究［M］. 北京：世界图书出版公司.

何理，2015. 思想政治理论课话语体系生成与发展研究［M］. 北京：人民出版社.

李娜，2017. 基于精细化管理的大学生思想政治教育研究［J］. 当代教育实践与教学研究（7）：104.

李庆霞，梁巍，于冰，2016. 整体性视野下思想政治理论课教学建设研究［M］. 哈尔滨：黑龙江大学出版社.

李松林，李会先，2014. 新时期高校思想政治理论课教学体系研究［M］. 北京：首都师范大学出版社.

李宇卫，2016. 普通高校思想政治理论课实践教学概述［M］. 成都：西南交通大学出版社.

李昱靓，2016. 实现“精致化”管理提升高校育人实效［J］. 中国高等教育（17）：51-52.

林建华，2014. 21世纪高校思想政治理论课教学改革研究［M］. 北京：知识产权出版社.

刘社，2013. 高校思想政治理论课实践育人模式创新研究［M］. 北京：世界图书出版公司.

刘燕平，2016. 微时代大学生思想政治教育精细化路径研究［J］. 黑龙江教育学院学报，35（7）：79-81.

罗莉莎，2017. 精细化管理在高校教学管理中的运用研究［J］. 才智（33）：103.

孟宪生，李忠军，2016. 全国高校思想政治理论课教学方法改革年度发展报告（2014）［M］. 北京：高等教育出版社.

曲洪，2016. 高校思想政治理论课课堂教学与网络在线教学融合研究［M］. 沈阳：东北大学出版社.

沈大光，张高臣，2014. 思想政治理论课整体性教学研究［M］. 济南：山东大学出版社.

施丽红，苏洁，2012. 高校思想政治理论课有效教学［M］. 北京：光明日报出版社.

宋成剑，2013. 思想政治理论课教学趣味论［M］. 天津：南开大学出版社.

王恩江，2013. 高校思想政治理论课教学实效性研究［M］. 北京：九州出版社.

王永灿，郭红明，2017. 基于精细化视角的微时代高校思想政治教育实效性探究［J］. 河南工业大学学报：社会科学版，13（4）：91-97，104.

王永灿，2017. 微时代高校思想政治教育精细化探究［J］. 重庆邮电大学学报：社会科学版，29（6）：75-82.

姚才君，2017. 追求精致管理打造博雅福园研究［J］. 成才之路（21）：23.

袁薇，2016. 新媒体环境下大学生思想政治教育精细化构建探讨［J］. 黑龙江教育学院学报，35（7）：76-78.

张松艳，张志刚，2017. 精细化管理的探索与实践［J］. 中国市场（33）：172，179.

周晓明，2017. 高校后勤管理中精细化管理的应用探讨［J］. 现代营销（下旬刊）（10）：40.

图书在版编目（CIP）数据

高校思想政治理论课教学模式研究 / 郭秋玲著.
—北京：中国农业出版社，2021.3
ISBN 978-7-109-28038-0

Ⅰ.①高… Ⅱ.①郭… Ⅲ.①高等学校—思想政治教育—教学模式—研究—中国 Ⅳ.①G641

中国版本图书馆 CIP 数据核字（2021）第 046160 号

中国农业出版社出版
地址：北京市朝阳区麦子店街 18 号楼
邮编：100125
责任编辑：李 夷 刁乾超 姜爱桃 文字编辑：刘金华
版式设计：王 怡 责任校对：吴丽婷
印刷：北京中兴印刷有限公司
版次：2021 年 3 月第 1 版
印次：2021 年 3 月北京第 1 次印刷
发行：新华书店北京发行所
开本：700mm×1000mm 1/16
印张：10.25
字数：200 千字
定价：50.00 元